格物正心

2017年博物馆志愿者论坛论文集

上　海　博　物　馆　编

中国博物馆协会志愿者工作委员会

上海古籍出版社

图书在版编目(CIP)数据

格物正心：2017年博物馆志愿者论坛论文集 / 上海
博物馆编. —上海：上海古籍出版社，2018.12
ISBN 978-7-5325-9050-6

Ⅰ.①格… Ⅱ.①上… Ⅲ.①博物馆-志愿者-社会
服务-文集 Ⅳ.①G261-53

中国版本图书馆 CIP 数据核字(2018)第 275727 号

主　　编：杨志刚
策　　划：陈曾路
特约编辑：霍小骞

格物正心：
2017 年博物馆志愿者论坛论文集

上海博物馆
中国博物馆协会志愿者工作委员会　编
上海古籍出版社出版发行
（上海瑞金二路 272 号　邮政编码 200020）
　　(1) 网址：www.guji.com.cn
　　(2) E-mail：guji1@guji.com.cn
　　(3) 易文网网址：www.ewen.co
上海商务联西印刷有限公司印刷
开本 787×1092　1/16　印张 12.75　插页 2　字数 216,000
2018 年 12 月第 1 版　2018 年 12 月第 1 次印刷
印数：1—1,800
ISBN 978-7-5325-9050-6
G·701　定价：65.00 元
如有质量问题，请与承印公司联系

目录

推动社会进步与发展的博物馆志愿者
——以故宫博物院为例

故宫博物院
闫宏斌

摘要： 在我国博物馆事业蓬勃发展的背景下，志愿者扮演着越来越重要的角色。博物馆志愿者可以弥补专业人员的不足，提升观众服务品质，扩展服务范围，有助于对博物馆理念、知识、文化进行广泛的社会传播。充分发挥博物馆志愿者的作用对于博物馆事业的发展至关重要。文章在梳理我国博物馆志愿者工作发展历史的基础上，结合"建设社会主义文化强国"理念、十八大报告对志愿服务的强调和社会主义核心价值观等时代精神，对博物馆志愿服务工作进行深入解读，并结合故宫博物院志愿者工作实例，通过对志愿者团队建设与管理、志愿服务数据统计、志愿者工作内容和意义等方面的阐释，突显博物馆志愿精神在社会公共文化设施建设方面的重要意义，以期为其他志愿服务组织的科学化、规范化发展提供参考。

自 2009 年 12 月 5 日中国博物馆协会志愿者专业委员成立至今，已近 8 年时间。这期间，我国博物馆行业得到了长足发展。截至 2016 年底，我国注册博物馆总数达到 4873 座，比 2015 年度增加了 181 座，每年还将以 100 余座的数量继续增长；自 2015 年《博物馆条例》颁布，鼓励博物馆免费开放以来，目前已有 4246 座博物馆实行免费开放措施，占博物馆总数的 87.1%。[1] 随着社会精神文明建设的加强，大量博物馆免费开放，越来越多的人们来到博物馆参观、体验、学习。我国的博物馆在具有大量文物、文化资源的同时，理念、体制等方面也较之以往有了大幅进步，更多人才投身博物馆行业，但国内大多数博物馆仍面临着现有工作人员数量无法满足公众入馆参观需求的矛盾，这无疑制约着博物馆的成长及其社会功能的实现。在此情况下，博物馆积极探讨应对策略，同时注重对发达国家先进博物馆成熟运营范例的借鉴，从而普遍引入志愿者队伍，以配合博物馆工作人员的工作。博物馆志愿者的出现弥补了专业人员的不足，提升了服务品质，扩展了服务范围，有助于对博物馆理念、知识、文化进行广泛的社会传播，进而吸引更多的社会力量参与博物馆事业。

一、志愿组织续写百年传承

充分发挥博物馆志愿者这类社会力量的作用以推动博物馆的发展，是当今博物馆行业的一个重要理念。若向前追溯，早在 100 年前的 20 世纪 10-20 年代，我国博物馆界就已经开始进行这方面的探索和努力了。

1913 年 12 月 24 日，北洋政府内务部在筹建古物陈列所时，就设立了义务性质的专业团体"保存古物协进会"，同时颁布了内务部第七十二号令：《保存古物协进会章程》二十五条。其中第七条明文规定："凡为本会会员，均为义务职，不支薪俸。"[2] 从章程的内容来看，保存古物协进会服务于我国第一座正式开放的国立博物馆——古物陈列所，这种服务是自愿的、无偿的、有组织的、公益性的，完全具备博物馆志愿者的要素。

保存古物协进会对会员实行分级管理，并推行以精神奖励为主的激励制度，这一点与当今志愿者组织的管理也极为相似。保存古物协进会的组织分为四级，分别是会长、名誉会长、会员、名誉会员。从会长到会员都要提供无偿的义务服务，是完全意义上的志愿行为。保存古物协进会按照会员贡献的大小、贡献的方式对其进行分级，给予不同的称号，这正是对其付出的认可和激励。章程第八条明文规定："凡会员对于本会有所发明及实力赞助者，得由会长报明内务总长给与名誉褒章。"[3]由此可见，保存古物协进会注重并施行对会员的精神上、名誉上的奖励，这也是当代志愿者组织管理的一个特点，体现出博物馆志愿者的服务更多地是出于一种精神上的追求。

经上述分析能够看出，保存古物协进会可以视为我国第一个博物馆志愿者性质的组织，《保存古物协进会章程》当属我国最早的博物馆志愿者组织性质的章程，这在博物馆志愿者领域具有开创性。可见，早在100年前，国人就已经有了利用志愿者来发展博物馆的意识。

到1926年，古物陈列所成立了"鉴定委员会"，鉴定委员的工作都是义务性的。《内务部古物陈列所鉴定委员会简章》第二条明文规定："委员二十人以内，概不支薪。"[4]由此可见，古物陈列所鉴定委员会与保存古物协进会一脉相承，都是志愿者性质的组织。当时的19位鉴定委员会委员包括罗振玉、福开森、容庚、马衡、王国维等民国著名学者，当属我国最早的一批博物馆志愿者，他们在我国早期博物馆事业的发展中居功至伟。

值得一提的是，古物陈列所坐落于北京故宫，即原紫禁城的"外朝"区域，是我国第一座正式开放的国立博物馆，于1948年并入故宫博物院。所以我国最早设立的博物馆志愿者性质的组织、最早的博物馆志愿者组织性质的章程，以及最早的一批博物馆志愿者都与今天的故宫博物院颇具渊源。当初古物陈列所鉴定委员会的委员马衡日后成为了故宫博物院院长，执掌故宫19年。

自20世纪90年代起，随着社会经济的飞速发展，人们的精神文明程度也在逐步提高，不同年龄层次、不同文化水平和不同职业类别的人们以极大的热情投身社会公益文化活动。1996年，上海博物馆率先招募志愿者，首批志愿者是上海一些重点大学的在校学生。不久，上博对志愿者招募方式进行了新的探索，开始面向社会广泛招募，对象由原来的大学生扩展到了社会的各个层面。进入21世纪后，国家博物馆、故宫博物院、河南博物院等一批大中型博物馆也纷纷开始了这种探索与实践。以故宫为例，2004年开始组建志愿者团队，使百年前诞生于古物陈列所的志愿精神得以薪火相传。

此后，借助2008年北京奥运会、2010年上海世博会，以及2017年北京"一带一路"高峰论坛举办的契机，志愿活动与志愿精神得到了国人的广泛熟知与普遍认可，全国博物馆志愿者的数量也大幅增加，如今在大多数博物馆中都能看到志愿者的身影。

博物馆志愿者队伍的出现与壮大是对博物馆界人力、智力资源的重要补充，有助于对博物馆的理念、知识和文化进行广泛的社会传播，从而吸引更多社会力量参与博物馆事业，形成可持续发展的良性循环。

二、志愿服务体现时代价值

博物馆志愿者的服务无论对博物馆还是对整个社会而言，都具有重要意义。作为一项社会活动，志愿服务是让志愿者同时实现个人价值和社会价值的良好途径，也是改善社会风气、建立温馨和谐人际关系的有效措施。从博物馆的角度来看，志愿服务是博物馆教育传播工作的一项重要举措，它既为志愿者这一群体更多地获取文博知识、感受博物馆文化创造了良好的机会，也是博物馆走向社会、服务社会的具体表现，具有崇高的时代价值。

正如习近平总书记提出的"建设社会主义文化强国"理念："一个国家、一个民族的强盛，总是以文化兴盛为支撑的，中华民族伟大复兴需要以中华文化发展繁荣为条件。没有文明的继承和发展，没有文化的弘扬和繁荣，就没有中国梦的实现。"建设中华民族共有的精神家园是社会主义文化强国建设的关键环节，而中华优秀传统文化则是构建中华民族精神家园的基础。在传承中华民族优秀传统文化、弘扬中华民族精神方面，博物馆志愿者大有作为。博物馆是展示民族历史文化的窗口，其中的文物展品是民族记忆的载体，博物馆志愿者把文物介绍给公众的过程就是传统文化得以传承与弘扬的过程。以故宫博物院为例，自2004年成立志愿者团队以来，已经累计注册志愿者达2382人，他们的一项主要工作就是在故宫各专馆和临时展览中为观众提供讲解服务。13年来，故宫志愿者已经累计为社会提供了12万小时的讲解服务，受益公众达到58万人次，使故宫所蕴含的优秀传统文化得以更加广泛地传播、弘扬。

党的十八大报告指出："深化群众性精神文明创建活动，广泛开展志愿服务，推动学雷锋活动、学习宣传道德模范常态化。"强调了志愿精神和志愿服务对提升国民道德素质的巨大推动作用。志愿服务是现代国家公众参与社会生活的重要方式，是学雷锋活动常态化的最好载体，体现出"奉献、友爱、互助、进步"的志愿精神，也体现出个人在世界观、人生观和价值观上的积极态度。同时，志愿精神又是我国社会主义核心价值的体现，是中华民族精神内核的折射，是公民社会日益成熟的标志。它既是对中华民族团结友爱、助人为乐、见义勇为、尊老爱幼等传统美德的继承与发扬，又是社会主义时代精神的彰显和"雷锋精神"在新时期的体现。博物馆志愿者有着勇于担当、无私奉献的崇高品质，有着热情服务、不计酬劳的高尚情操，有着努力学习、刻苦钻研的求索精神，有着团结协作、共同进步的良好风貌。他们高尚的价值取向、思想境界和道德品质会对公众产生巨大的精神鼓舞，唤起人们追求崇高品德的内在动力，提升社会责任感和时代使命感，引导人们以志愿者为表率，使志愿精神成为人们内心的自觉要求和行为习惯。因此，在强调建设和谐社会和精神文明的今天，弘扬志愿精神显得尤为重要。故宫志愿者除了日常志愿服务外，还会在3月15日"学雷锋日"、5月18日"国际博物馆日"，以及6月的"中国文化和自然遗产日"等主题日推出志愿宣传活动，在为博物馆观众服务的同时，通过宣传吸引更多社会力量关注志愿活动、参与志愿活动。"予人玫瑰，手有余香"的精神一直激励着志愿者们在服务公众、奉献社会的岗位上不断努力与进取，将故宫文化和历史知识传播给更多观众。

志愿服务以自愿、无偿为前提，以弘扬志愿精神为核心，能够把服务他人、服务社会与实现个人价值有机结合起来，引导人们在奉献的过程中陶冶情操、提升境界，有利于倡导爱国、敬业、诚信、友善等社会主义核心价值基本道德规范，有助于建设社会主义核心价值体系的建立。由24字社会主义核心价值观可以看出，民族精神和时代精神是社会主义核心价值体系的精髓，而博物馆志愿者身上所体现出的恰恰就是以爱国主义为核心的民族精神和以改革创新为核心的时代精神。他们常年不计报酬宣传优秀传统文化，坚持为保护文物而疾呼。他们在珍视传统的同时却不因循守旧，而是创造性地提出博物馆服务的新思路、新途径，积极运用各种现代化的手段和媒介，进行改革创新精神的实践。

2013年，故宫志愿者率先尝试在讲解服务中使用平板电脑，利用自己搜集来的高清影像资料进行直观讲解，力图加入文物流散与修复的信息以及最新的文保动态，使观众了解到文博事业并非少数人钻故纸堆的活动，而是为人类传承文化遗产的持续努力。同时，故宫志愿者也尝试进行不同形式的观众服务，积极参加新技术培训。故宫在2016年举办的"明清御窑瓷器考古新成果展"中应用了虚拟现实（VR）展示技术。故宫志愿者参加了由院专业技术人员提供的技术培训，之后通过熟悉设备与场地，正式参与了虚拟现实（VR）技术辅助服务。他们在展厅中为观众佩戴VR眼镜，引导大家在虚拟互动区域内进行漫步，同时进行景德镇遗址的辅助讲解，帮助观众通过VR技术来领略最新考古成果。还有志愿者利用微信等新媒体平台来普及故宫文化、宣传文物保护知识，他们以自己的不懈努力来为社会主义核心价值体系建设提供了充足的动力。

三、志愿精神彰显模范作用

以博物馆为代表的公共文化设施在培育和弘扬社会主义核心价值观、传播社会主义先进文化中发挥着重要的阵地作用。2016 年 12 月，中央宣传部、中央文明办、文化部等 7 部门联合印发的《关于公共文化设施开展学雷锋志愿服务的实施意见》提出，要稳步推进公共文化设施志愿服务站点建设，推动文化志愿服务广泛深入开展，到 2020 年基本建成公共文化设施志愿服务组织体系、志愿服务项目体系和志愿服务管理制度体系，并公布了全国首批 61 家公共文化设施开展学雷锋志愿服务示范单位的名单。故宫博物院凭借开展志愿服务工作十余年的成功经验而榜上有名。[5]

同年，在由中央宣传部、中央文明办等 11 部门组织开展的 2016 年宣传推选学雷锋志愿服务"四个 100"先进典型活动中，故宫志愿者服务队被评为最佳志愿服务组织，故宫志愿者霍慢忆被评为最美志愿者。

自故宫志愿者团队组建以来，为了加强志愿者队伍建设，促进志愿者管理规范化、制度化，在我院宣传教育部的努力下进行了大量开拓性工作，形成了《故宫博物院志愿者管理办法》和《故宫博物院志愿者委员会章程》等各项制度，对招募与注册、培训与考核、管理与服务、权利与义务等各方面均作出了明确规定，保证了志愿者工作自我管理、有章可循、管理有序。经过十余年实践历练，故宫志愿者团队已成长为一支管理规范、人员稳定、服务高效的优秀志愿者队伍，多次荣获全国及省部级荣誉称号和奖项。

目前，故宫志愿者在册人数稳定在 200 人左右，其中十余年来不间断服务的有 42 人，占现有志愿者总数的 20%；有 33 名志愿者累计服务时长超过1000 小时，占总人数的 15%，具有很强的稳定性。志愿者中，在职人员与自由职业者占总数的 65%，高校学生占 10%，退休人员占 25%，正在实现由以退休人员和学生为主力的志愿者团队向以在职专业人员为主力的方向过渡，成为一支人员结构合理、专业素质过硬、可持续发展的团队。[6]

故宫志愿者主要负责的工作有讲解、咨询、参与教育项目、志愿宣讲以及文化宣传与文物保护工作，故宫宣传教育部要求志愿者每周为公众服务 1 次，每次不低于 2 小时。

故宫志愿者均以故宫展厅讲解为起步点，截至 2017 年 11 月，讲解区域已覆盖故宫的 15 个专馆及临时展览。志愿者在为社会公众提供故宫专题讲解的同时，还承担着故宫外事接待和新员工培训的专馆讲解等工作，得到了院内外的高度认可和好评。为了能不断提高讲解水平、增强专业素养，宣传教育部还为志愿者建立了系统的培训和考核机制，每年定期进行业务学习，不定期组织"故宫志愿者讲解比赛"，通过学习和比赛交流心得。

故宫志愿者在讲解过程中会随时解答观众咨询的问题，还会不定期在太和门咨询中心为游客提供专业的咨询服务，同时故宫还设有外籍志愿者服务岗位。如刚才所述，每年"学雷锋日""国际博物馆日"和"中国文化和自然遗产日"等主题日，故宫志愿者也会设立专岗为观众提供咨询服务。

故宫志愿者还会深度参与故宫针对社会公众举办的教育项目，或提供课程创意、或担当主讲教师。2008 年，故宫宣传教育部在志愿者中开展了教育活动创意比赛，很多志愿者都从故宫现有的历史文物资源出发，以博物馆人的角度，提出了很多有特色、可操作的教育创意。许多项目已成为近些年来颇受公众喜爱的有代表性的经典教育项目，提供创意的志愿者也多次担任课程主讲，参与各类教育项目的组织与执行。

除了在故宫中从事志愿服务，故宫志愿者还成立了"故宫文化"志愿宣讲团，走出故宫博物院，传播、弘扬故宫文化。"故宫文化"志愿宣讲活动启动于 2012 年"国际博物馆日"。宣讲团成员由活跃在故宫各个展厅的十余名志愿者构成，宣讲主题及内容根据故宫的文化、历史、建筑、收藏及展览资源选定，由故宫宣传教育部与志愿者共同设计。每段讲述的时长约 20 分钟，现已形成近 20 个宣讲主题，至 2017 年开展活动累计达 82 场。特别是在 2012 年 9 月至 12 月，故宫志愿者还承担了北京市第十五中学高一年级共 11 个班每月最后一节历史课的讲课任务，授课内容是他们精心准备的故宫历史文化故事。

在志愿工作之外，每一位故宫志愿者都是一名特殊的"故宫人"，他们既代表故宫向公众发声，也代表公众向故宫反馈意见。在过去的 13 年里，故宫志愿者为故宫博物院的开放、服务和展览等各方面都提供了不少好的建议。同时，故宫博物院也非常重视志愿者的声音，从"故宫人最喜爱的文物"评选活动，到故宫媒体通报会，院方都会邀请志愿者，听取志愿者的意见，促进工作向更好的方向发展。

正如中共中央宣传部、中央文明办等 8 部门印发的《关于支持和发展志愿服务组织的意见》所说："志愿服务是现代社会文明进步的重要标志，是加强精神文明建设、培育和践行社会主义核心价值观的重要内容。"故宫博物院志愿者服务团队以开展志愿服务为宗旨，汇聚社会资源、传递社会关爱、弘扬社会正气，是形成向上向善、诚信互助的社会风尚的重要力量。故宫志愿者们在完善自身工作的同时，强化示范引领作用，将多年志愿服务工作的经验和心得传递出去，引领带动其他志愿服务组织科学化、规范化发展。

四、志愿管理保障有序发展

"随着近些年博物馆工作的发展，志愿者越来越多地出现在各类或大或小的博物馆中，志愿者管理已成为博物馆工作的一部分。但志愿服务的公益性（无薪酬）及志愿者与博物馆所属关系上的不确定性，对博物馆志愿者管理提出了很高要求"。[7]故宫志愿者13年来所获得的成绩源于故宫博物院对志愿者管理工作的重视。故宫志愿者的管理是由故宫宣传教育部直接负责，院内其他相关部门予以协助支持。2004年，宣传教育部新组建"公众教育组"承担志愿者管理工作，具体业务由专职人员负责。志愿者的管理工作包括志愿者章程的制定、注册登记、证件管理、日常服务、招募培训、表彰激励等内容。随着公众教育组职能的扩大和志愿者工作的拓展与深化，宣传教育部于2017成立了全新的"志愿者管理组"，专职负责故宫志愿者的管理工作。志愿者管理组负责拟定各项管理章程、制订具体工作计划、组织志愿者招募与培训，以及开展志愿者团队建设等工作；同时关注策划志愿者服务活动、宣传志愿者服务工作，以及制作志愿者专属刊物；志愿者证件管理、考勤时间统计等工作也得以有序进行。

为加强故宫志愿者队伍的建设，促进志愿者管理的规范化、制度化，进一步推动志愿服务事业持续、健康发展，故宫宣传教育部结合实际工作需求和故宫博物院相关规定，于2007年制定了《故宫博物院志愿者工作章程》，之后于2012年参照《北京市志愿者管理办法》修订为《故宫博物院志愿者管理办法》。该办法由总则、招募与注册、培训与考核、管理与服务、权利与义务、表彰与激励和附则等7个部分构成，内容涵盖了志愿者服务和志愿者管理的方方面面，成为宣传教育部进行志愿者管理工作的指导和依据，也成为故宫志愿者需要谨慎遵守的服务准则。[8]

除专职工作人员外，故宫也倡导志愿者团队的自我管理。2008年，宣传教育部组建了故宫志愿者委员会，旨在通过部门的指导，由委员会协助进行志愿者的管理工作。委员会是由故宫全体志愿者民主协商、选举产生的志愿者自我管理与服务组织，在宣传教育部的监督、指导下开展工作。志愿者委员会的主要职能是协助宣传教育部进行志愿者团队的日常管理，配合组织志愿者的业务培训，开展志愿者自我学习与交流活动。至2017年，故宫志愿者委员会已历5届，其工作同样有章可循。2011年，宣传教育部制定了《故宫博物院志愿者委员会章程》，章程由总则、组织机构、工作职责和附则4部分构成，规定了委员会的人数、任期、产生方式和工作内容。委员会的主要职责是在宣传教育部的指导下全面落实《故宫博物院志愿者管理办法》，对志愿者进行业务培训，组织讲座、参观和交流活动，编纂志愿者所服务专馆的文物讲解资料，协助宣传教育部做好志愿者的日常管理和志愿者定时定岗讲解服务工作的组织与实施，并完成宣传教育部交办的其他任务。每年初，委员会要在宣传教育部的指导下制订全年工作规划，向全体志愿者公示并组织实施。年底进行全面验收总结，向全体志愿者和宣传教育部作出书面汇报并存档。同时，委员会也会听取并反映故宫志愿者的意见、建议和需求，协助宣传教育部解决志愿者工作中的具体困难和问题，维护故宫志愿者的合法权益，不断提高志愿者的服务水平。委员会还负责志愿者档案的建立、管理，负责建立和维护志愿者网络平台，确保信息交流的畅通。委员会成员分工合作，团结一致，共同完成故宫志愿者被赋予的使命。

此外，宣传教育部还外聘了工作人员，对故宫志愿者签到、休息、学习和活动的专属场地——故宫志愿者工作站进行管理和维护，为志愿者传达消息、记录考勤、提供后勤保障。

故宫博物院依照《中华人民共和国公共文化服务保障法》第四十三条之规定，持续"建立文化志愿服务机制"，积极"组织开展文化志愿服务活动"。[9]同时，在十余年志愿服务工作经验的基础上，进一步拓展志愿者服务领域，邀请志愿者参与故宫的展览和科研工作。2017年3月18日，"海棠依旧——两岸三院同人书画交流展"在故宫武英殿开幕，展览从各院同人艺术作品中遴选122件（套），其中，故宫志愿者卫体民的画作《荷花》入选该展，这也是展览"北京部分"唯一入选的志愿者作品。5月14日，"《石渠宝笈》特展现象学术研讨会"在院内召开，志愿者王建南携论文《论志愿服务在〈石渠宝笈〉特展中的作用及启示》在研讨会上发言，论述了如何在故宫特殊的观展环境下应对观展热潮，并配合院内各项举措，更好地开展故宫志愿服务。他也成为学术研讨会上唯一一位志愿者代表。

五、结语

在中央宣传部、中央文明办、文化部等七部门印发的《关于公共文化设施开展学雷锋志愿服务的实施意见》中提出，要稳步推进公共文化设施志愿服务站点建设，推动文化志愿服务广泛深入开展，到 2020 年基本建成公共文化设施志愿服务组织体系、志愿服务项目体系和志愿服务管理制度体系。公共文化设施在培育和弘扬社会主义核心价值观、传播社会主义先进文化中发挥着重要的阵地作用。博物馆是公共文化设施中的重要一项，博物馆志愿者是公共文化设施学雷锋志愿服务中的重要力量，故宫博物院又是国家确定的公共文化设施开展学雷锋志愿服务首批示范单位之一，故宫志愿者团队以开展志愿服务为宗旨，汇聚社会资源、传递社会关爱、弘扬社会正气，是形成向上向善、诚信互助的社会风尚的重要力量。以故宫宣传教育部为主体的志愿者管理部门也将在完善自身工作的同时，学习国内外博物馆的优秀经验，同时强化示范引领作用，将多年志愿服务工作的经验和心得传递出去，使其他志愿服务组织科学化、规范化运营，共同来推动社会的进步与发展。

注释:

〔1〕 施雨岑:《国家文物局:我国博物馆每年接待约 9 亿人次参观者》，新华社 2017 年 5 月 18 日电。

〔2〕 李晓东:《民国文物法规史评》，文物出版社，2013 年，页 55。

〔3〕 李晓东:《民国文物法规史评》，文物出版社，2013 年，页 55。

〔4〕 李晓东:《民国文物法规史评》，文物出版社，2013 年，页 57。

〔5〕 《中共中央宣传部、中央文明办等 7 部门关于印发〈关于公共文化设施开展学雷锋志愿服务的实施意见〉》的通知，中国志愿服务联合会:《中国志愿服务发展报告（2017）》，社会科学文献出版社，2017 年，页 372。

〔6〕 果美侠、高希:《博物馆领域志愿服务组织与制度建设》，中国志愿服务联合会编著:《中国志愿服务发展报告（2017）》，社会科学文献出版社，2017 年，页 203。

〔7〕 果美侠:《博物馆志愿者管理方法探寻》，《故宫学刊》2015 年第 2 期。

〔8〕 《故宫博物院志愿者管理办法（试行）》，故宫博物院编:《故宫博物院规章制度汇编》，故宫出版社，2013 年。

〔9〕 《中华人民共和国公共文化服务保障法》，法律出版社，2017 年，页 12。

中国国家博物馆文化志愿服务工作管理模式与制度建设研究

黄琛
中国国家博物馆

摘要： 中国国家博物馆文化志愿服务工作管理模式和制度建设的发展历程可以分为三个阶段：2002-2006年"从开放服务到开放心态"的模式转变；2007-2010年"从完善个体到完善群体"的模式转变；2011年至今"从人性管理到制度管理"的模式转变。随着博物馆文化志愿服务工作的逐步深化，博物馆在开放自己的过程中不断汲取社会力量，不断与社会公众共享文化资源。深化博物馆文化志愿服务工作的首要任务是强化博物馆志愿者的服务意识，完善志愿服务体系。只有不断强化博物馆文化志愿服务体系建设，才能最大限度地发挥博物馆的教育功能，实现现代博物馆以人为本、保障社会公民文化权益的目的。

2002 年 3 月 6 日，中国国家博物馆在《北京晚报》刊登招聘启事，公开面向社会招募志愿讲解员，开创了国内博物馆通过公共媒体向社会招募志愿服务人员的先河。根据我们的统计，15 年来，先后有万余人参与了中国国家博物馆的志愿服务工作，年度注册人数始终保持在 200 人的规模，累计为公众服务时间超过 25 万小时，服务展览数量超过 220 个。2011 年新馆恢复开放以后，中国国家博物馆志愿者为观众提供讲解服务超过 2.2 万批次，也就是说，平均每天提供的志愿讲解服务大约 20 批次 30 小时。他们 15 年始终如一、坚持不懈，为提高中国国家博物馆公共文化服务水平作出了重要贡献，发挥了不可替代的作用，这非常难得，也非常不易。

自开展工作以来，中国国家博物馆在志愿服务的培训、管理和组织建设方面坚持推进创新。2015 年和 2016 年，中国国家博物馆志愿者协会连续获得两届"全国百家志愿服务组织奖"；2016 年底，中国国家博物馆志愿服务团队还被列入首批"公共文化设施开展学雷锋志愿服务示范单位"。这些荣誉不仅是对中国国家博物馆志愿服务工作的肯定，也是对整个文博行业志愿服务组织建设的引领。可以说，中国国家博物馆志愿服务组织在过去 15 年的发展程过中找准了自己的方向，形成了自己的模式，展现了这个团队强大的凝聚力和良好的组织管理水平。

志愿服务是现代社会文明进步的重要标志，是每个文明社会不可缺少的一部分。相比其他领域的志愿服务工作，博物馆的志愿服务能够更好地以文化人、以文育人，让文化的力量更深入地浸润人心。因此，博物馆积极开展、做好志愿服务工作对于传播先进文化、提高社会文明程度具有重要意义。

一、2002-2006 年，中国国家博物馆对志愿服务工作的管理完成了"从开放服务到开放心态"的模式转变

志愿服务是每个文明社会不可缺少的一部分，它是指任何人在不为物质报酬的前提下，贡献个人时间和精力，为改善社会氛围、促进社会进步提供自愿服务。志愿者在服务他人、服务社会的同时，自身也得到提高、完善和发展，精神和心灵获得双重满足。因此，志愿者工作具有"助人"与"自助"，"乐人"与"乐己"的双重性。

博物馆是传播社会文化的载体，本身就以开放性为重要的主体特征，招募志愿者参与博物馆工作，既为志愿者提供了实现自身社会文化价值的平台，是博物馆开放性主体特征的多元化表现，同时也拓展了博物馆社会教育的途径，改变了传统的面对大众的文化传播方式，进行了以小范围受众——志愿者的专业化教育为第一阶梯，以大范围受众——普通参观者的普及型教育为第二阶梯的新模式的尝试。博物馆志愿者工作既是基于博物馆的开放性主体特征展开的，又是博物馆开放性主体特征的凸显和强化。

中国国家博物馆从 2002 年开始招募志愿者，通过十余年的实践和研究得出了这样一个结论：在开展志愿服务工作时，必须牢牢把握住博物馆和志愿者工作的共同本质特征——开放性，围绕这一基本特征来开展工作，以之为出发点和归宿，才能做好这一工作。具体说来，可概括为四个方面：

1. 立足博物馆这一开放的平台，去除种种偏见和束缚，招募自身既具有一定文化素质、同时又有相对稳定的业余学习和服务时间的志愿者。

2. 对他们采取开放的管理方式，要明确志愿者"特殊观众"的身份，从二者的开放性这一共同的基本特征出发来摸索独特的管理机制，建立相互尊重、相互信任的和谐关系，使之既不脱离志愿者的本色，又能行之有效地为博物馆及普通观众提供相应的服务。

3. 针对志愿者这类第一阶梯的小范围受众，要充分开放博物馆的资源，多途径实践博物馆的社会教育功能，以之为"点"，向社会大范围受众这一"面"多方辐射。

4. 博物馆与志愿者工作的结合在未来还有很大的开放性的空间，要认识并致力于深入这一空间，开展后续工作。

目前，国内博物馆的志愿者大都服务于讲解岗位，他们当中还蕴藏着更多能量有待发掘和施展，其自身也有着在更多领域为博物馆发挥才能的诉求，志愿服务的内容还有更大的发展空间；而博物馆也还有很多岗位有待社会力量的补充，还可以为志愿服务提供更为广阔的发展空间。中央文明委印发的《关于深入开展志愿服务活动的意见》中提到，要"不断拓展志愿服务的领域，丰富志愿服务的内涵"。为谋求志愿服务事业健康、持续的发展，在未来的博物馆志愿者工作中，我们还需要增强开放意识和开拓精神，在更多的岗位上向志愿者敞开大门，给他们提供更多服务社会的机会，将开放的理念融入博物馆各项工作中。只有把握住开放性这一本质特征，在开放的平台上，探索对志愿者开放的管理模式，提供开放的资源，展望未来更大的开放空间，博物馆志愿者工作才能既拓展博物馆本身社会教育新途径，又为志愿者提供更大程度、更多元化实现自我社会价值的机会，同时达到博物馆、志愿者、社会效益最大化的目标。

二、2007-2010年，中国国家博物馆对志愿服务工作的管理完成了"从完善个体到完善群体"的模式转变

我曾经接待过很多博物馆同行，他们在了解并接触过中国国家博物馆志愿者后总会这样向我询问："总觉得中国国家博物馆的志愿者团队很特别，有一种与众不同的气质，感受得到却说不出来，这到底是什么呢……"不错，我也有这样的感受，中国国家博物馆志愿者团队确实有一种独特的"东西"。起初，我也认为这是一种"气质"，一种由众多志愿者个体共同构成的独特气质，一种蕴含着丰富内涵的文化风度。后来，我注意到中国国家博物馆志愿者团队的每个人其实都有着自己鲜明的特点，很多人的气质并不相同，甚至大相径庭，那么这种独特的"东西"到底是什么呢？细细想来，这应该是一种"气量"。在我看来，中国国家博物馆志愿者团队始终表现出了一种特别的气量，而且这种气量也永远来自这个集体。

中国国家博物馆志愿者团队组建之初，我们的管理思路是以"爱"为主导的家庭式管理模式。中国国家博物馆志愿服务团队不但属于中国国家博物馆，同样属于志愿者自己，它是在所有参与者的精心培育和细心呵护下成长起来的，就像大家的孩子，也很像人类养育下一代的过程一样：孩子刚出生的时候，我们用心呵护，除了爱，对孩子几乎没有别的任何约束。慢慢地，在他的成长过程中，我们会开始不断规范他的行为，以期孩子成才。无论教育方式如何，我们的初衷都是希望这个孩子能够立足社会，造福人民，成为栋梁之材。从志愿者个体角度看，对社会有所作为是值得自豪的，但这种自豪经过十年的磨砺，到今天更应该放在集体中。我觉得人在社会中的成长有两个层次，一个是完善自我，再一个是完善集体。完善自我已经很难了，完善集体就会更难，而要使两者统一则有几人能够做到呢？所以，在博物馆志愿服务管理工作中，很多事没有对错，只是由于所处的层次不同罢了。

三、2011 年至今，中国国家博物馆对志愿服务工作的管理完成了"从人性管理到制度管理"的模式转变

1. 建章立制，自主管理

2007-2010 年，中国国家博物馆闭馆进行改扩建施工，这给了我们充足的时间去重新思考和调整我们的工作思路。

长期以来，中国国家博物馆在志愿服务工作中始终倡导"学习、分享、奉献"的理念，并将这一理念贯穿于志愿服务工作的每一个环节。2011 年，中国国家博物馆实行免费开放后，我们在志愿者组织管理、队伍建设和投入保障等方面做了大量的工作，尝试了许多新的做法，也取得了一些成绩。

2011 年 1 月 15 日，中国国家博物馆志愿者协会成立大会如期召开，表决通过了《中国国家博物馆志愿者协会章程》和《中国国家博物馆志愿者协会管理委员会选举办法》，并选举产生了第一届志愿者管理委员会委员，确定了"学习、奉献、分享"的协会宗旨，完善了中国国家博物馆志愿者工作的各项细则，使得今后的工作变得更加有章可循，同时在组织管理、机构设置和管理人员的安排上也改变了原来那种只有博物馆工作人员的单一模式，吸纳部分志愿者进入管理团队，使得今后的志愿服务管理工作变得更加开放和民主。

协会的成立使志愿者团队由原来志愿者自主管理转型为由志愿者协会管委会管理，通过这种管理形式实现创新志愿者管理模式、增强志愿服务意识的目的，从而使博物馆与社会公众共享文化资源，为博物馆事业的可持续发展注入新的活力。在志愿者协会管理委员会的直接领导下，制定了志愿者管理的各项规章制度，组织了大量学习、培训和考核工作。特别是利用信息网络技术，在志愿服务管理方面尝试推行承诺制服务，通过网络公示志愿讲解员的服务时间和服务内容，使公众能够做到有备而来，提高参观效果，节省参观的时间，保证了观众定时、定点听讲解的文化权益。在保证社会志愿人员切身利益的前提下，我们还采取了"承诺制服务，履约率考核，积分制奖励"的激励奖励措施，不断提高志愿服务水平。

为了适应博物馆的发展要求，促进博物馆志愿者队伍质量的全面提高，我们着重从以下三个方面改善志愿者队伍的管理。

（1）不断总结志愿者队伍建设的成果与不足，进一步加强中国国家博物馆志愿者协会管理委员会在志愿服务工作管理中的主导作用，推动志愿服务管

理工作的良性发展，逐步建立和完善统一的志愿者队伍管理体制。

（2）制定有效的激励奖励政策，明确中国国家博物馆志愿者队伍建设的工作任务，完善志愿者业务培训、考核、监督检查等制度，提高志愿者队伍的职业道德和敬业精神。将志愿服务标准、工作效率、工作作风等向社会公示，让社会公众了解中国国家博物馆志愿者的性质，主动接受社会监督，定期向社会通报志愿服务工作情况，争取社会力量的支持。

（3）把握四个原则，打造中国国家博物馆志愿者的特色品牌：

①目标性原则

明确志愿者队伍的建设目标和发展要求，以提升志愿者学习和工作能力、提高知识素养、不断完善服务功能为建设目标，填补志愿者建设空白，引导博物馆建设沿着文化共享、和谐发展和人文生态三者并举的道路繁荣发展。

②适宜性原则

由于博物馆所在地域的特点、志愿者层次、文化宗旨等方面存在差异，因此要按照"干什么学什么，缺什么补什么"的原则，因地制宜，因人而异，量力而行，使志愿者队伍建设贴近实际、贴近生活、贴近群众。

③综合性原则

志愿者工作内容涵盖宣传教育、保管陈列、综合管理等方方面面，所以要围绕中心工作，有效地组织志愿者队伍参与博物馆的各项工作，把志愿者队伍建设工作融入博物馆发展的大局和公众社会文化生活中。

④时代性原则

改革志愿者队伍现状，结合时代特点，采取多种鼓励措施，吸引更多的志愿者为博物馆服务，推进志愿者队伍结构调整与升级，着力打造志愿者品牌团体，形成全国领先的特色志愿者团队。[1]

2. 承诺服务，预约上岗

一直以来，文博界志愿服务普遍采用的上岗制度是自由上岗或排班上岗。自由上岗即志愿者可随时来博物馆服务，对志愿者个人来讲，是一种非常宽松的上岗制度。排班上岗组织纪律性较强，志愿者分组轮流上岗，每天上岗人数平均且较有保障，可为观众提供更好的服务。两种上岗制度各具特点，但同时也都有着它们本身的局限性。

自由上岗制度下，观众、馆方和其他志愿者都无法获知志愿者来服务的时间，不利于工作安排和参观安排。还会出现某日志愿者来了很多，讲解服务过程中频频发生"撞车"现象，隔日又无人服务，一片冷清的尴尬场面。

排班上岗制度下，观众的利益得到了最大化，但是这种制度对于志愿者来说却过于严苛。首先，志愿者必须长时间保证每周的同一时间都是空闲的。其次，如遇日程变化不能来服务，就要面临着找人替岗或造成当日空场的压力。

当今时代，公众的精神文化需求日益增长，而紧凑的生活节奏又要求人们将宝贵的时间高效地利用起来。观众们需要准确而实时的展厅讲解信息，志愿者们，尤其是年轻的在职志愿者们，又希望将自己变化无常的业余时间与来馆上岗服务更好地结合起来。

2011年1月中国国家博物馆志愿者协会成立后，对志愿服务上岗制度进行了突破性的变革，综合各方利益推出了一种更为高效的上岗制度——承诺制服务，解决了原来的志愿服务上岗制度存在的矛盾。

承诺制服务即先预约后上岗，主要包括预约、公示和履约三个环节。这样的机制既适应了志愿者服务时间的不确定性，也使将讲解服务时间透明地公示给观众成为了可能。而公示服务时间不仅方便了观众安排行程，也利于志愿者合理地安排自己的上岗时间，实现了志愿服务的"供求平衡"。

下面来介绍一下承诺制服务的实际操作流程。

（1）第一步：预约

志愿者提前两天以上，通过电话、短信或现场预约等方式，向志愿者协会秘书处工作人员提出预约申请，申请内容包括其希望预约服务的展览名称、来服务的日期和场次。秘书处人员首先判断该志愿者是否满足该展览的上岗条件（是否通过该展览考核、年龄是否过大等），如该志愿者符合条件，便继续查看志愿者所要预约的场次是否已被别人预约，该展厅此时段的讲解员人数是否已经饱和。若该场次还有空余名额，秘书处人员会与志愿者确认预约信息，若该场次已被约满，秘书处人员会提供空余场次信息，并询问该志愿者是否愿意调整来服务的时间。此外，如果一周内的服务预约时间和日期分布过于集中，秘书处工作人员会在往后的预约中，根据志愿者实际情况（如是否退休、职业特点等）进行建议性的引导，尽可能地将每周各日志愿讲解服务的量与由票务统计经验推测的观众流量相匹配。最后，秘书处人员会与志愿者确认预约信息，如果是新加入的志愿者，秘书处还会提醒他一些注意事项，以防违约情况的发生。

志愿者如遇突发情况无法按时履约,可以委托其他符合上岗要求的志愿者,在秘书处许可的情况下代替本人按时到岗服务。服务时长和履约情况记入被委托者名下。志愿者如需取消预约,需在履约当天前一天的午前向秘书处提出取消预约,秘书处接到通知后立即取消该志愿者的服务时间公示。如果提出取消预约的时间过晚,则会记录该志愿者违约一次,违约会影响该志愿者年终考核时候的履约率。

（2）第二步：公示

因为志愿者中很大一部分中老年人自助完成在线预约和公示的流程比较困难,为了避免网上公示出现错误,我们采取了线下预约,由秘书处工作人员统一公示的方式,逐步地让志愿者适应这种新的上岗流程,并最大程度地保证公示内容的准确性。

（3）第三步：履约

按照《中国国家博物馆志愿者协会章程》,志愿者需要提前15分钟到达志愿者秘书处工作室进行签到。秘书处工作人员检查其是否佩戴上岗证件、着装是否符合要求,一切就绪后,志愿者便可到自己所预约的展览进行讲解服务。

此外,为了保证承诺制服务的有序进行,我们还制定了巡检和年终考核制度。

无规矩不成方圆,志愿者虽然是提供义务服务,但是如果在志愿服务过程中因为懈怠和认识上的不足而出现一些不和谐的问题,就美中不足了。秘书处工作人员和一些自愿承担该项工作的志愿者会不定期地到展厅对志愿者的是否在所预约的展厅讲解、讲解内容、服务态度等进行检查。如果发现违规行为,我们会依违规行为的严重性和违规次数,分别采取提醒、警告、书面警告和处分等严肃纪律的措施。

令人欣慰的是,我们的志愿者都是觉悟很高、追求高尚的人。一名志愿者曾说过："我们在这里工作,挂着中国国家博物馆给我们的工作证,一言一行就代表着中国国家博物馆的形象。我们对自己的要求和专职讲解员一样,唯一的区别就是不要馆里的工资。"

承诺制服务得到志愿者们积极配合和广大观众的高度认同。参加"启蒙的艺术"展览志愿讲解服务的一名志愿者曾欣喜地告诉我们,今天又有一名观众是在看到网上的公示后慕名而来,听她的讲解,而且已经来过不止一次了。这名志愿者表示她非常陶醉于这种分享、奉献与获得认同的生活。而那名观众也称赞中国国家博物馆的这种上岗机制非常科学合理。

承诺制服务有着它独特的优势:

首先,相比排班上岗制度,承诺制服务适用于更多的志愿者人群。早期的排班上岗制度要求服务时间固定,而在职的年轻志愿者的空闲时间较不固定,很难长时间按照固定的班次服务。一旦志愿者业余时间发生变化,班次调整的反应较慢,就很容易出现某个场次一段时间内无人讲解的情况。承诺制服务的实施解决了这一问题。志愿者可以根据自己的情况,自由而又不失条理地安排自己的上岗时间。这使得请假的情况减少到了最低程度。同时我们又惊喜地发现,志愿者的上岗次数有了很大的提升。根据数据分析和访谈调查,我们得知,很多志愿者会有意料外的闲暇,他们中很多人会选择将这部分时间用于自己喜爱的志愿服务事业上,承诺制服务给了他们一个充分利用自己业余时间的机会。

其次,对于志愿者团队的整体凝聚力而言,承诺制服务也有着深远的积极影响。在早期的排班上岗制度下,很多志愿者一年下来,接触的都是同组上岗的志愿者,有些志愿者甚至叫不出团队内其他班次志愿者的名字。这种情况看似没什么,但是实际经验表明,这样的上岗机制下,组织内拉帮结派、小团体丛生的情况十分严重。而实施承诺制服务后,大家上岗的时间较为随机,每次来几乎都会见到不同的人,结识擅长不同领域的有志之士。现在中国国家博物馆志愿者协会内的学习交流气氛浓郁,团队的整体凝聚力十分强。我们为这样一个充满活力的团体的产生而感到由衷的欣慰。当然,关系好的朋友也仍然可以相约一起来服务,这也是承诺制服务又一人性化的地方。

最后,承诺制服务具有的公开性和每个展览每周每个时间段讲解人员的不固定性又是为广大观众所津津乐道的。有观众表示周末经常来中国国家博物馆看展览,同样是中国古代青铜器的展览,这周的志愿讲解员是一种风格,下一次来又会听到另一个讲解员另一种风格的讲解。原本他计划看完所有的展览,就过一段时间再来,现在已经来馆二十余次,而每次他都会怀着好奇和求知欲,来听不同的讲解员提供的不同风格的讲解。他感叹这样的经历让他感到每一件展品都仿佛具有了生命,充满未知,充满新奇,它们在展厅里每天都在绽放生命的活力。可以说承诺制服务在志愿者利益、观众利益和博物馆利益之间找到了一个和谐的平衡点,是文博行业志愿服务管理制度的创新之举。[2]

3. 履约考核，积分奖励

为更好地发挥中国国家博物馆志愿者的潜能，激发大家的工作热情，不断为公众提供更加多样的志愿服务项目，2013 年 3 月，中国国家博物馆志愿者协会制定并颁布了《中国国家博物馆社会志愿人员激励奖励办法》和《中国国家博物馆志愿服务工作积分记录核算标准》。具体内容包括：

（1）提供志愿讲解服务：每小时记录 10 个积分。

（2）提供公益讲座服务：本人原创的讲座内容第一次服务每小时记录 30 个积分，之后的服务每小时记录 15 个积分；非本人原创的讲座服务每小时记录 15 个积分。

（3）提供培训服务：志愿者按照管理委员会要求完成培训授课工作，每小时记录 15 个积分。

（4）提供文稿撰写服务：志愿者按照管理委员会要求提交文稿（定稿），每千字记录 20 个积分；志愿者按照管理委员会要求完成文稿审核工作，每千字记录 20 个积分。

（5）提供招募、考核服务：志愿者按照管理委员会要求参与招募和上岗考核工作，每小时记录 10 个积分。

（6）提供美术编辑、课件制作服务：志愿者按照管理委员会要求完成美术编辑、课件制作工作，每个项目记录 20 个积分。

依据《中国国家博物馆志愿者协会章程》和相关细则的规定，中国国家博物馆志愿服务人员的考核包括"会员身份"和"上岗服务资格"的双重内容，单就志愿讲解服务而言两者并无矛盾，而随着志愿服务内容的丰富，原来围绕做好志愿讲解工作而制定的管理规定已无法满足现在的管理要求，为此亟需增加相应的管理办法。

履约率考核与积分核算的奖励区别在于：履约率考核目前只针对志愿讲解服务，目的是通过主动公示服务内容、服务时间和服务人员，接受观众监督，督促大家提高服务质量。积分核算奖励目前只针对即将开始增加的讲座、培训、教育活动等内容，依据管理委员会公布的每项活动的积分核算标准进行核算并作记录。中国国家博物馆定期（每年约 1-2 次）公布积分奖励的兑换办法。履约率考核将逐步定义为身份考核和精神奖励层面；积分核算奖励的推出既强化物质奖励（激励）的性质，也将不适合做志愿讲解服务的志愿人员逐步纳入积分奖励的范畴。

综上所述，中国国家博物馆在志愿服务工作管理方面不断探索创新。

目前，博物馆志愿服务管理工作存在的主要问题是建立志愿者队伍发展的综合协调机制不够深化，服务平台不够完善，志愿者的服务意识还有待提高，服务工作多层次、多渠道的设置还不够科学等，这些问题都有待我们研究解决。随着博物馆文化志愿服务工作的逐步深化，博物馆的开放程度也在上升，博物馆在开放自己的过程中不断汲取社会力量，不断与社会公众共享文化资源。深化博物馆文化志愿服务工作的首要任务是要强化博物馆志愿者的服务意识，完善志愿服务体系，只有不断强化博物馆文化志愿服务体系建设，才能最大限度地发挥博物馆的教育功能，实现现代博物馆以人为本、保障社会公民文化权益的目的。

参考文献：

〔1〕 杨荣彬：《对我国博物馆志愿者制度建设的思考》，《中国文物报》2011年10月26日，第3版。

〔2〕 崔波：《十五年：用热情和汗水守护遗产——记国家博物馆志愿服务组织》，《中国文物报》2017年3月17日，第3版。

中小型博物馆志愿者发展思考

宁波博物馆

戚迎春

摘要：中小型博物馆是中国博物馆发展的主体，也是推动博物馆志愿者事业的主要力量。但是，中小型博物馆一方面在管理理念、经费保障、藏品以及人才队伍等多个方面存在不足，使得中小型博物馆面临自身发展的困境，另一方面，对博物馆以及博物馆志愿者的认识也存在不足，这导致中小型博物馆志愿者事业难以得到科学、合理、有效的发展。针对这一情况，文章提出：首先要解决博物馆对志愿者的"需要"问题，通过解决发展困境、提升对博物馆志愿者的认知，让博物馆认识到对志愿者的"需求"；其次要建立博物馆志愿者队伍建设的完备体系；最后是建立全国统一的博物馆志愿者管理平台，从而全面推动中国博物馆志愿者事业的发展。

根据国家文物局于 2017 年 9 月在《中国文物报》发布的数据，截至 2016 年底，全国博物馆共有 4109 家，其中免费开放的博物馆 3393 家，全国文物机构共举办陈列展览 24621 个，接待参观人数 10.1 亿人次，其中免费开放的博物馆接待参观人数为 6.8 亿人次。中国博物馆事业得到了长足的发展，社会对博物馆的需求日益增长。

在这些博物馆中，除了国家博物馆、故宫博物院等中央所属博物馆以及各省级博物馆之外，地市级、县级中小型博物馆占据了绝大多数。这些中小型博物馆虽然在知名度、藏品的数量和质量等多个方面无法和省级博物馆等大型博物馆相媲美，但依然凭借特色藏品、地域文化和城市历史等成为所在地区文化的中心，以及展示、宣传所在地区文化、历史、民俗等多方面内容的窗口，它们通过策划、引进国内外多种主题的展览，成为当地民众了解多样化文明的平台，并借助与国内外博物馆之间的展览交流等方式，在本区域之外展示、宣传本地区的优秀文化。可以说，这些数量众多的中小型博物馆是中国博物馆事业的主体，也正是这些地市级乃至县级博物馆满足了国内大多数民众参观博物馆的内在需求。只有这些博物馆得到发展，中国的博物馆事业才能得到科学、有效的发展。

中国博物馆志愿者事业虽然起步较晚，却已经有了长足的发展，取得了优异的成绩。20 世纪末至 21 世纪初，原中国历史博物馆、上海博物馆等国内一些著名博物馆开始尝试招募志愿者，主要让志愿者进行讲解导览。随后，故宫博物院、河南博物院等一批大中型博物馆纷纷开始这种探索与实践。宁波博物馆自开馆之际就着重强调志愿者的重要作用，2008 年 12 月 5 日的宁波博物馆开馆典礼上就诞生了第一份具有国际化价值的博物馆志愿者誓词："尽心尽力，无私奉献，服务公众，回报社会。践行志愿精神，担当历史使命，传承多元文化，推动社会发展，积极支持博物馆公益事业，为弘扬与共享人类文明而不懈努力。"2009 年宁波博物馆又联合上海博物馆等国内著名博物馆成立了中国博物馆协会志愿者工作委员会，为博物馆志愿者工作搭建交流、合作的平台，共同推动中国博物馆志愿者事业的发展。

近期，中国博物馆协会志愿者工作委员会就志愿者发展现状进行了抽样调查，情况如下：

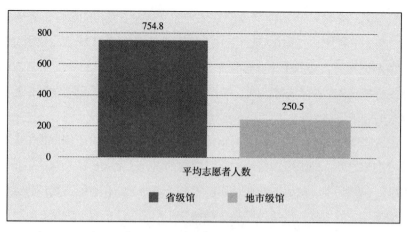

表 1　2016 年省级博物馆与地市级博物馆平均志愿者人数比较

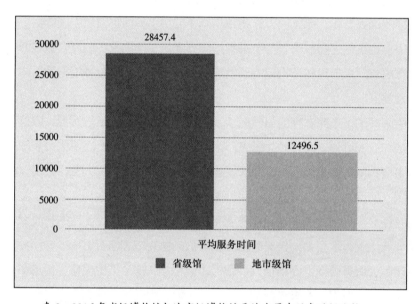

表 2　2016 年省级博物馆与地市级博物馆平均志愿者服务时间比较

首先，从志愿者人数和平均每个馆年度服务时间来看，由于受到规模等诸多因素的限制，地市级博物馆平均志愿者人数仅为 250.5 人，远低于省级博物馆的 754.8 人，2016 年年度平均每个地市级博物馆志愿者服务时间为 12496.5 小时，也远低于省级博物馆的 28457.4 小时。这说明，地市级博物馆的志愿者不论是人数还是服务时间都远远低于省级博物馆。

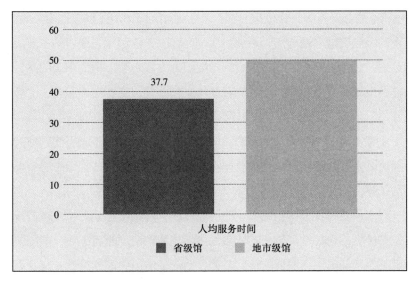

表3　2016年省级博物馆与地市级博物馆志愿者人均服务时间比较

其次，从志愿者人均服务时间来看，地市级博物馆志愿者的人均服务时间为49.9小时，高于省级博物馆的37.7小时。这说明，虽然地市级博物馆的志愿者队伍规模相对较小，但人均服务时间更长。

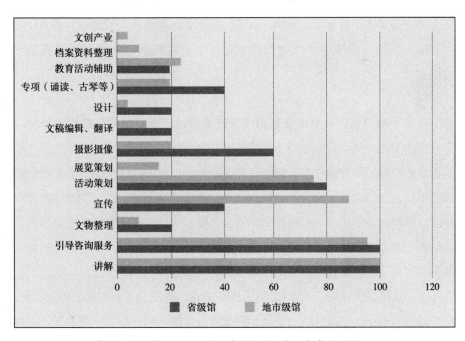

表4　省级博物馆与地市级博物馆志愿者服务岗位比较

再次，从志愿者服务岗位来看，不论是在省级博物馆还是在地市级博物馆，志愿者的岗位都越来越丰富：讲解、引导咨询服务依然是志愿者的主要岗位，活动策划、宣传也逐渐成为志愿者的主要服务内容之一。更为重要的是，地市级博物馆更具有创新意识，让志愿者参与文物整理、摄影摄像服务、文稿的编辑翻译、设计、专项活动等工作，甚至让志愿者进入了展览策划、档案资料整理、文创产业等省级博物馆尚未涉足的领域中，在这方面走在了省级博物馆前面。

通过以上的抽样调查以及宁波博物馆长期以来对中国博物馆志愿者事业的观察与了解，我们认为：

一方面，随着我国博物馆事业的快速发展，博物馆志愿者越来越被博物馆所认识和接受，也有越来越多的社会人士参与博物馆志愿者工作，中国博物馆志愿者工作呈现出快速发展的良好态势，而众多地市级博物馆的志愿者事业虽然起步落后于省级以上大馆，但也在不断创新，不断发展，并取得了长足的进步。

另一方面，中国博物馆志愿者的主力军还是大型博物馆以及部分发展较好的地市级博物馆，其他众多的中小型博物馆志愿者事业则还处在起步阶段，乃至尚未起步。实际上，在数量众多的中小型博物馆中，真正建立起志愿者队伍的博物馆所占的比例还是比较低。有的馆即便建立了志愿者队伍，但在志愿者的招募、管理、保障等多个方面还存着诸多不足，志愿者队伍的组成也不尽合理，往往是学生志愿者所占比例比较高，志愿者流动性大、管理难度高。

我们认为，造成中小型博物馆志愿者事业发展缓慢的原因主要有以下这些：

1. 中小型博物馆自身的发展困境导致博物馆志愿者事业基础比较薄弱

博物馆志愿者事业的发展、博物馆志愿者队伍的建设首先必须依托于博物馆自身的发展。只有博物馆自身合理建康地发展，才能为博物馆志愿者提供发展的平台，为博物馆志愿者的队伍建设提供必要的资金、人力、物力等方面的保障，而博物馆的管理者和运营者也才会有精力和动力去研究博物馆志愿者并推动博物馆志愿者队伍的建设。但是，许多的地市级、县级中小型博物馆由于诸多原因，还是面临着发展的"困境"。

比如运营经费保障。一方面，目前国有博物馆的资金基本都来自各级财政，很多博物馆得不到财政的大力支持，资金难以保障。另一方面，又由于体制等因素，财政外资金不能进入博物馆。资金的缺乏必然导致博物馆发展的困境，使志愿者队伍建设滞后。

又比如藏品。相对于省级及以上大馆藏品，中小型博物馆的藏品不论是数量还是质量都存在着先天的缺陷。藏品的不足使中小型博物馆在一定程度上难以吸引观众，也难以吸引志愿者。

当然，造成中小型博物馆发展困境的客观因素还有人才、场馆条件等，这些客观因素已经为国内博物馆界所认识和研究，这里不具体展开。正是这些客观因素导致面临发展困境的中小型博物馆只能将主要精力放在展览、藏品等博物馆的核心工作上，而无暇顾及志愿者等"非核心"工作。

2. 中小型博物馆对博物馆以及博物馆志愿者认识不足导致博物馆志愿者事业发展缓慢

近几年来，随着中国博物馆志愿者事业的蓬勃发展，上海博物馆、河南博物院、浙江省博物馆等诸多大型博物馆积极探索博物馆志愿者发展之路，博物馆界的许多专家学者也就博物馆志愿者的作用、职能以及发展方向等问题提出了许多合理且具有操作性的意见和建议。但还是有许多的博物馆——特别是中小型博物馆——对博物馆志愿者的地位和作用的认识还存在着或多或少的不足。

根据国务院 2017 年 6 月最新通过的《志愿服务条例》，志愿服务是指"志愿者、志愿服务组织和其他组织自愿、无偿向社会或者他人提供的公益服务"，而志愿者是指"以自己的时间和知识、技能、体力等从事志愿服务的自然人"，博物馆志愿者是在此基础上明确了志愿者特定的行业属性。但是，从博物馆学以及博物馆所承担的社会职能等多个角度去考量，则不能简单地将博物馆志愿者定义为"在博物馆以自己的时间和知识、技能、体力等从事志愿服务的自然人"，而应当将博物馆志愿者视作三种身份的综合，"三位一体"。

首先，中小型博物馆对"志愿者应当是博物馆事业发展的强力支持者"这一观点的认识不足。经过这些年的发展，我国博物馆界已经充分认识到"志愿者是博物馆不可或缺的一支重要力量"。但具体到中小型博物馆，对志愿者的这一作用的认识还存在一定的偏差。一方面，它们还是将志愿者局限在讲解、服务等传统的岗位上，而由于其自身运营原因，观众参观量少，仅依靠为数不多的本馆工作人员就已经能够承担服务等工作，因此不需要志愿者来承担讲解、服务等工作。另一方面，这些博物馆没有意识到，志愿者还能在其他方面为博物馆提供服务。比如志愿者是博物馆的宣传推广者，能够通过宣传、推广等来提升博物馆的知名度；比如志愿者是博物馆的展览、活动策划者，能够为博物馆的展览等提供更多的帮助，提升博物馆的专业能力；比如志愿者是潜在的资金和藏品捐赠者，有可能为博物馆带来资金和藏品，等等。

其次，中小型博物馆对"博物馆志愿者应当是博物馆沟通社会的桥梁"这一观点的认识不足。随着博物馆免费开放的持续推进，更多的人走进了博物馆。而博物馆要充分发挥社会公共文化服务的功能，就必然要从观众的需求出发，为社会提供满足公众需求的博物馆服务。但还是有不少的博物馆仍然"以我为主""以博物馆为主"来为观众提供服务，忽视观众的需求、参观习惯等。正如丽贝卡·卡其（Rebecca Catching）在《中国的博物馆为何无法与公众建立联系》一文中所说，"绝大多数的中国博物馆遵循'策展人至上'的管理模式。因此，所有其他部门都为策展人主导的对话服务。而策展人的工作是让自己在其他策展人眼里博学又聪明——他们并不怎么关心你我能否理解"。在这一理念指导下，志愿者的"公众"属性就被忽视了。而实际上，志愿者有一个重要的身份是观众，他们是观众的代表，发挥着沟通博物馆与公众的桥梁纽带作用。志愿者代表公众向博物馆提出"需求"，即关于展览、活动、服务等各个方面的意见和建议，从而促使博物馆从观众的需求出发来策划展览、举办活动。

最后，中小型博物馆对"志愿者应当是博物馆的一部分"这一观点的认识不足。志愿者的身份是什么？从一方面来说，志愿者代表公众志愿为博物馆提供服务。从另一方面来说，志愿者又是博物馆的一份子，就是博物馆人，甚至于高于博物馆的工作者，因为他们展现了无偿奉献精神。而国内的一些博物馆却则将志愿者视作"馆外人士"，对志愿者缺乏必要的重视与尊重，从而导致志愿者对博物馆没有归属感，最终的结果是留不住志愿者，志愿者队伍流动性大，志愿者管理难以有效展开。

针对以上的问题，下面拟结合宁波博物馆志愿者工作，从中国博物馆协会志愿者工作委员会的角度出发，对我国中小型博物馆志愿者事业提出一些建议，以供参考：

1. 解决博物馆对志愿者的"需要"问题

解决"需要"问题是博物馆——特别是中小型博物馆——志愿者发展的前提和关键。只有让博物馆认识到博物馆对志愿者的需求，认识到博物馆"需要"

志愿者，博物馆才能够有动力去推动志愿者的队伍建设。

为此，首先需要解决中小型博物馆自身运营的问题，通过博物馆业务的发展、参观量的提升等让博物馆产生对志愿者服务的现实需求。比如通过财政资金的支持、倡导博物馆吸纳使用社会资金等加大博物馆资金的支持力度以解决中小型博物馆面临的资金问题；比如明确定位、倡导博物馆的差异化策略以吸引观众；比如广泛利用社会资源以弥补中小型博物馆研究、展览乃至藏品资源不足的问题，等等。只有自身的业务得到了发展，博物馆才能对志愿者产生需求，也才能积极推动志愿者队伍建设。

其次，则是需要解决对博物馆志愿者的认识问题，让博物馆充分认识到博物馆志愿者的重要作用。只有当博物馆产生对志愿者的需求，认识到博物馆"需要"志愿者后，博物馆才能够有动力去推动志愿者的队伍建设。就宁波博物馆而言，宁波博物馆注重志愿者对博物馆多方面的支持作用，志愿者不仅活跃在讲解、引导咨询服务等传统服务岗位，更得以深入展览策划、活动策划等更多的领域。甚至庄贵仑、徐芝韵等海外宁波帮人士也成为宁波博物馆的志愿者，他们在宣传、捐赠等各个方面积极帮助宁波博物馆，推动宁波博物馆事业的发展。宁波博物馆也注重培养志愿者对博物馆的归属感和认同感，通过举办志愿者评选、志愿者年度会议、志愿者万里行活动等各种方式让志愿者成为博物馆的一部分。同时，宁波博物馆还注重志愿者的桥梁作用，通过让志愿者参与展览策划会议、活动策划会议等方式，让志愿者充分表达意见和建议，并将合理的意见和建议运用到展览、活动、服务等各个方面，为观众提供需要的博物馆服务。

2. 建立博物馆志愿者队伍建设的完备体系

在认识到对博物馆志愿者"需求"的基础上，博物馆需要逐步建立起完备的志愿者建设体系，这一体系包括招募、培训、定岗、考核、保障等多个方面。从事博物馆志愿者队伍建设多年的大馆以及部分中小型博物馆应当积极分享相关的经验，为其他博物馆志愿者队伍建设提供可借鉴的范例。而中国博物馆协会志愿者工作委员会作为全国博物馆志愿者工作交流的平台，应当积极发挥应有的作用，为中小型博物馆志愿者队伍建设提供理念、实践、模式等多方面的帮助和支持。各博物馆首先需要转变观念，然后在此基础上积极吸收各个方面的经验，推动博物馆志愿者队伍的建设和发展。同时，博物馆也需要根据自身发展的实际、所在地区的社会环境、资金情况等多种因素来建设志愿者队伍，避免一味地追求数量和轰动效应。

3. 建立全国统一的博物馆志愿者管理平台

志愿者流动性大一直是困扰国内众多博物馆的主要问题之一。以高校博物馆志愿者为例，这些学生志愿者在就读高校所在地博物馆担任志愿者，但其在毕业后工作所在地的博物馆往往不会承认其之前担任博物馆志愿者所作的奉献，这不仅导致了博物馆培训志愿者所花费资源的浪费，还容易打击这一部分人再次进入博物馆充当志愿者的积极性。因此，有必要建立一个全国统一的博物馆志愿者管理平台，详细记录每一名博物馆志愿者的注册、培训、服务、岗位等各项内容，以此来确保博物馆志愿者在全国博物馆之间的流动畅通，并实现全国博物馆志愿者相关资源的共享。对于中小型博物馆而言，也可以借助这个平台筛选乃至邀请曾在志愿者事业成熟的博物馆培训、服务的志愿者，为自身引入志愿者工作成熟的经验、做法，从而提升本馆的志愿者工作。

因此，中国博物馆协会志愿者工作委员会应当发挥积极的作用，牵头建设这样一个全国博物馆志愿者管理平台，以实现全国博物馆志愿者的统一管理。

中小型博物馆是中国博物馆事业的主阵地，也是推动博物馆志愿者事业发展的主力军。就当下而言，实现中小型博物馆志愿者工作的发展首先需要通过改善中小型博物馆的运行状况以及转变对博物馆志愿者的认识来解决"需要"的问题。在此基础上，通过博物馆自身体系建设、全国博物馆志愿者管理平台建设等多种途径来解决实践问题。认识和实践齐抓，共同推进中国博物馆志愿者事业的快速、健康发展。

"志愿者时代"和"博物馆里的志愿者"
——以上海博物馆为例

上海博物馆

陈曾路

摘要：近年来中国志愿者工作有了巨大的发展，本文从志愿者定位的梳理和分析入手，探讨志愿者工作发展过程中产生的一些问题及应对措施；并以上海博物馆的具体实践为案例，辨析博物馆志愿者工作的现状和未来，讨论"博物馆里的志愿者"如何成为"志愿者时代"的参与者和构建者。

出于乐观预计，我们认为中国的"志愿者时代"即将甚至已经到来。其表现为：各地志愿者统计人数和服务时长快速增长；吸纳志愿者公益服务的岗位数量和种类大幅增加；志愿者年龄跨度增大，呈现全年龄参与的态势；在各类重大公共活动中，招募志愿者和开展志愿者服务成为惯例；各类志愿者组织、团队、基地大量涌现；与志愿者工作相关的法律法规大量推出；各级政府愈来愈重视志愿者工作，从各个相关"委办局"分头推进地区志愿者工作，到"志愿者协会"总体协调管理，工作水平和效率不断提高。

但志愿者工作的繁荣，并不能掩盖诸多问题的暴露。如果说涉及管理、法律法规、保障等即时性的问题尚容易解决，由"机制""资源配置"等长时性的问题所引发的困境和矛盾其实远难处理，志愿者工作在快速发展的过程中所遇到的这些矛盾必须从志愿者自身逻辑起点的追溯和分析开始。

一、志愿者的定位及其引发的一些具体问题

志愿者的存在，本质是社会进步和发展的重要标志，是公民意识觉醒和良好的社会运作机制形成后的必然结果。具备剩余时间和精力的个人不以自身利益的增加为前提，利他性的付出，以社会总体利益的提升为最终目标。在此付出的过程中，当然并不排除志愿者存有个人能力、素养等方面的提升的诉求，也不能摒弃志愿在此过程中情感、经历、信仰等方面的自我实现和满足，但无论志愿者工作本身在功利的角度能否对志愿者个体有所增益，这些增益都不能对"志愿者服务组织"以及"志愿者服务的对象"产生负面效应，志愿者工作不能成为"零和博弈"。

这里带出若干问题：第一，现代志愿者的产生和社会发展的因果关系。志愿者在历史上并不少见，但类似"十字军"这样的"志愿行为"对于社会进步和发展显然并无帮助。历史上的许多宗教活动和"志愿"有关，现代志愿者的源头和宗教有着千丝万缕的关系，这些"志愿者"及其"志愿活动"对其所属组织有所裨益，但以社会进步的标准来衡量则复杂而微妙。中国志愿者活动的传统其实亟需梳理，至少有三个组成部分是值得注意的：首先是外来教会活动的影响，尤其是在教会所办的大学、医院和各类文化设施中诞生的志愿者组织。另外，两次世界大战期间，许多国家的志愿军和志愿者劳工也让国人对于志愿者是什么有了最为初步的认知。二是前苏联的志愿者活动，如"星期六义务劳动"对国内的巨大影响，可以说绝大多数中国人接触志愿者或者自身从事志愿

者工作都和这个传统有关。另外，我国志愿者工作的管理构架也借鉴自前苏联传统，比如共青团组织在志愿者工作和管理中的重要作用都与此有关。三是中国 20 世纪 20 年代以来梁漱溟、晏阳初、陶行知等知识分子在乡村改造、平民教育等活动中所体现和生长出的志愿工作的基因。可以认定，现代志愿者的产生是社会发展到一定程度之后的结果。当然，不可否认，志愿者的存在和他们的服务为社会的进步提供了动力，但社会进步是"因"，志愿者的出现则是"果"。

这又引出了第二个问题，若志愿者工作的兴起和发展是社会经济发展水到渠成的结果，那么对于志愿者活动和志愿者组织的扶持和提倡是否真的合理和必要呢？如前所述，必须认识到，庞大的中产阶级的兴起、市民社会的勃兴，才是志愿者组织快速发展的根本原因；奥运、世博等大型活动的举办则为我国志愿者工作的发展提供了很好的契机和动力；国家政策的提倡和引导客观上起到了助推加速的关键作用；而与志愿者相关的法律法规的制定对于厘清志愿者、志愿者组织、志愿者管理机构的定位和关系，保障志愿者权益，规范志愿者工作，完善志愿者的管理机制有着重大的意义。毫无疑问，政府应该积极引导志愿者工作的方向，主动参与各级各类志愿者组织的顶层设计，制定志愿者工作发展的目标和规划。还必须认识到，任何组织都是代表特定群体的立场和利益的，不以个人的报酬和利益为目标并不意味着组织的无诉求。许多代表特殊利益集团诉求的社团组织也以志愿者组织的形式示人，如果缺乏对其"工作"的界定和监管，很容易引发意识形态甚至国家安全方面的风险。对于志愿者组织的管理应该实现负面清单的制度，明确不能涉及或触碰的领域或红线所在。当然，也必须承认，对志愿者组织监管的"正面清单"是很难完成的任务，政府应尽量避免插手志愿者组织具体的活动和管理。志愿者本质上作为市民社会的产物，是对"政府全包"模式的一种"反动"，其魅力正在于小微、灵活和精准。故而，来自政府的政策扶持和推动在当前对我国志愿者工作的开展必不可少，但长远看，政策扶持应该转变为"负面清单"式的监管，让志愿者组织回归于社会自主自发的机制。

第三个引出的是志愿者资源配置的问题：是否所有公共机构都应该建立志愿者组织或者引入志愿者服务？志愿者并非简单意义上的志愿者服务机构的人力或者智力资源。不少志愿者服务机构将志愿者视作廉价劳动力，根本上当然是对志愿者本身的性质和定位有着完全错误的了解，也是对志愿者工作的管理成本有所错判。除非万不得已，很少有机构敢于在核心或不可或缺的岗位上安排无报酬的工作人员，因为报酬本身就是人力资源管理中最为重要和关键的管理手段，在缺少了薪酬这个激励手段之后，对于志愿者工作的评价固然能够进行，但奖惩的反馈和效用机制便被彻底打破。实际上对于那些容错性低的岗位而言，付薪的工作人员比非付薪的工作人员更有效率、更为稳定，也较为安全。因此，志愿者常被安排到机构中非关键的岗位。一般而言，管理者对于"关键岗位"的数量设置和岗位职责的描述会非常清晰，对于"非关键岗位"则趋于模糊。这就造成了我们常见的"无所事事的志愿者"的现象，在一些大型活动中这类情况出现的频度很高，而志愿者本身的热情和动力必然也会被消耗。[1]

"无所事事"意味着志愿者的工作并没有带来预期的效益增长，而"无所事事的志愿者"所导致的管理成本则是指数级别增长。反过来"无所事事的志愿者"又会让机构管理者错判志愿者工作的"必要性"和"可能性"，损害其对志愿者工作的预期和判断，进一步压缩对志愿者有意义的岗位，最后的结果则是各种矛盾的产生和激化。

从宏观的角度而言，不以报酬为目的的志愿者和收取报酬的劳动者一样，对于社会的健康运行和发展起着至关重要的作用。然而，在具体工作中，许多志愿者资源其实是被错配的。博物馆、美术馆在我国均属于财政全额拨款的公益事业单位，也就是说其关键岗位的人员经费已全部由财政负担，博物馆、美术馆固然也需要志愿者，但志愿者并非不可或缺，比如许多专职讲解员所做的工作与从事讲解工作的志愿者就有所重合。相对而言，更离不开志愿服务的医院、养老院、福利机构因其社会影响力、工作环境等因素，难以招募到足够多的志愿者。许多赛事和大型活动本身具有赢利的性质，亦大量招募志愿者，是否符合"志愿者的伦理"，则更让人生疑。

二、上海博物馆的一些做法

博物馆作为志愿者服务组织其实具有多重性。作为志愿者服务组织，有管理志愿者团队、开展志愿者工作的责任；作为志愿者服务的平台，有为志愿服务提供场地和好的环境、保障志愿服务顺利进行的义务；同时博物馆当然也是志愿者服务的对象，直接或者间接受益于博物馆里志愿者的工作。

在我们国家，博物馆、科技馆、文化馆、图书馆、美术馆等公共文化机构中的志愿者组织均具备这种多重性，这是因为这些公益性机构同样具有推动社会发展和进步的终极目标，这和志愿者本身存在的终极目标是高度重合的，故而这些公共文化单位往往也是社会上最早建立志愿者组织和推动志愿者工作的机构，这和西方国家志愿者组织起源于军队和宗教团体的情况很不一样。国家其实也意识到在博物馆等机构中率先推广志愿者工作的可行性、必要性和优势，在许多政策文件中均强调此点，其实是为了起到示范和推广的作用。

制定一个志愿者组织本身的"总体策略"显得尤为重要，其主要内容涉及定位和立场、宗旨和目标、规章和制度、组织构架、管理模式、工作机制、保障机制等。从1996年上海博物馆建立志愿者队伍以来，通过大量的具体的实践，实际上已经在这些方面做出了许多积极的探索，引领了博物馆乃至公共文化机构建设志愿者组织的风气，一些上博所开创的做法已经成为行业的经典和规范。上博在其他诸多博物馆筹建志愿者队伍时，已制定了《上海博物馆志愿者章程》，达到了以《章程》为基础的"制度管理"阶段；2006年制定了《章程》的细则，进一步完善规章制度，对志愿者招募、培训、工作、权利义务等方面做出了更为细节化的规范，在"制度管理"的基础上进入了志愿者"自我管理"阶段。2014年志愿者章程和章程细则又经过修定，经志愿者管理委员会通过后实施。在全面认识和评价志愿者当前的任务及其未来的发展趋势之后，制定上博未来志愿者工作的发展规划，更新和提升志愿者工作的"总体策略"成为了重中之重。

首先，组织建立"志愿者管理委员会"，将其作为志愿者管理的最高机构。这实际上是凸显团队自主管理的基本定位。从上博志愿者组织建立之初，就对志愿者组织按工作内容和工作时间进行分组，任命工作组长，实行组长负责制，为团队的自我管理创造条件。志愿者管理是志愿者工作最为核心的部分，而组长的选择则是管理能否有效进行的关键。志愿者组长应该尽量选择"变革型领导"，擅长激励团队，能够带领团队适应各类变化。[2]其次，二是建立激励机制，举办凝聚人心的活动。如邀请馆内专家授课、举办内部培训交流等培训项目，对先进志愿者予以表彰，创造外出考察的机会等。自我管理模式和激励机制的共同作用，使上博志愿者团队的管理逐渐走上制度化、规范化的轨道。

在当下以及三至五年的规划中，上海博物馆的志愿者所强调和突出的特质战略是"智慧"和"嵌入"。"智慧"指智慧化的管理，是上博志愿者团队"总体政策"的核心价值观，如何以智慧的方式来实践上博志愿者"传承经典文化，启发审美精神"的基本立场和未来发展的目标，[3]关涉的是志愿者的本体及其自身认知。"嵌入"指"嵌入式的工作"，在不影响博物馆本身结构的前提下最大程度地拓展志愿者服务的深度和广度，重点突破博物馆志愿者工作内容局限于"讲解和导览"服务的现状，打破博物馆志愿者管理模式上单一的垂直化管理的弊端，打破博物馆里的志愿者和工作人员之间的"无形的墙"，营造博物馆志愿者组织可持续发展的模式，关涉的是实践层面的具体途径问题。"嵌入"的前提是明确博物馆志愿者的定位和立场，在博物馆的志愿者章程和章程细则等文件中必须有明确的章节和条文，并加以必要的阐释。"嵌入"的条件是必须认真核定志愿者的岗位并明确其责任和任务，不以志愿者的各项数据的"好看"为目标。岗位职责和要求的模糊性描述，不仅会使志愿者管理成本陡然增加，更会使志愿者服务的热情和期待降低，最终损害志愿者工作的长期开展。嵌入的本质是明确立场和定位，在明确岗位和任务之后，精细化地设定具体志愿者及其工作的内容及要求。

博物馆内志愿者岗位设置的原则是：首先考虑使用付薪员工，在短时期内招募不到合适的付薪工作人员担纲特定岗位的前提下才能考虑使用志愿者。而志愿者一旦被录用并在相关岗位上开始参与各项业务工作，则应尽量满足志愿者除薪酬之外的各项基本工作保障。在具体的操作中，很难有博物馆或美术馆在现阶段真正做到将付薪员工和不付薪的志愿者一视同仁。其原因在于我国博物馆的绝大多数志愿者，由目前在工作中使用志愿者最多的"教育部（宣教部）"或者"团委""党办"等部门来管理。理想状态下，志愿者组织应该由博物馆的人力资源部门来统一管理，"注册、培训、管理、奖惩、交通、停车、就餐"等许多非常容易引发矛盾的壁垒才能真正被打破。简单而言，嵌入的目标是将志愿者变成博物馆的有机组成，而非"博物馆里的局外人"。

各博物馆志愿者的工作目前多集中于讲解和观众服务方面。志愿者的讲解其实是对博物馆阐释体系的嵌入。博物馆的阐释体系是博物馆作为教育和传播机构，为发挥教育作用，实现传播效益，帮助进入博物馆的消费者理解、体验、利用博物馆各类资源而包含的服务、产品和创意。狭义的阐释指的是"特定意识形态与历史环境之下，解释、分析、阐发文本、图像、符号、物件的全过程"。博物馆的阐释体系分几个层次：核心是对文物的解读，体现出来的是各种研究论文、数据库、文物记录和档案；扩展层面则是利用文物所做的阐述和叙事，比如展览、各种面向公众的出版物和数字资源等。从展览本身的故事线的构建、展品选择、展览单元说明文字、展品标签到辅助展品、辅助的音频和视频资源，以及各类数字资源等；再扩展则进入"人的需求"层面，博物馆消费者的学习、休闲和娱乐的目标如何实现，在互动、交流和沟通的过程中不断提升博物馆满足博物馆消费者预期的能力，提升博物馆的影响力。

志愿者的讲解工作在国外常被称作"Docent pragram"，不是仅仅依靠志愿者或者专职的讲解员对事实和知识做传播和教育的工作，实则是通过人与人的交流传递博物馆的温度，亮明其态度，增加"博物馆的消费者"对于博物馆的好感度。虽然越来越多的人将博物馆视作教育机构，其实与其说是"博物馆教育"，不如说是"博物馆学习"，即便是"学习"，也绝不仅仅是对"知识"以及"事实"的学习，更要紧的是"方法的学习""思维模式的学习"和"实践方式的学习"，重点在认识世界的角度和方式，分析问题的办法与途径，达成目标的步骤和态度。"Docent"[4]存在的意义是帮助博物馆参观者和利用者能够无阻碍地利用博物馆的资源。从这个角度而言，从事讲解工作的志愿者并非阐释的主体，而应更好地嵌入到博物馆的阐释体系之中。阐释体系的构建，需要了解目标对象，设定有意义的主题，制定恰当而有吸引力的故事线，准确的文物选择，恰到好处的说明文字和辅助展品，多样的数字化手段和内容，合理的动线和形式设计，相得益彰的各类文化活动，等等。人工的导览和讲解在展厅内的真正意义并非重复介绍文物的基本信息，也不是简单意义上的"解释、分析和阐发"，而是人与人的交流，将观众的声音反馈给博物馆。来自观众的更精准的评价，可以帮助馆方更有效率地规划未来，为博物馆本身的可持续发展提供最坚实的依据。

如果说"嵌入"的重点是志愿者的工作模式和内容的优化提升，"智慧"则是关乎志愿者团队定位和发展目标的根本。上博志愿者工作的"智慧"主要体现在志愿者队伍本身的制度设计和管理模式上。2016年开始我们致力于打造基于微信平台的志愿者管理系统，其内容版块包括二维码扫描签到的志愿者考勤系统、志愿者信息发布系统，以及即将开通的观众服务点赞留言和扫码评价等功能等。志愿者可以远程登录，预约服务时间和服务场所，博物馆大堂的多媒体屏可以同步更新相关信息内容。在数字化管理系统使用之后，志愿者日常管理的效率和精准度得到提升，志愿者管理的数据统计和分析水平获得了极大的提高。2018年我们设计推出志愿者招募系统，同样基于微信平台，扩大志愿者招募的社会影响力，提升人力资源管理的能力，为志愿者的人才储备打下很好的基础。在志愿者管理系统和招募系统上线后，我们还计划推出志愿者学习和资源管理系统，搭建博物馆志愿者信息和资源分享的平台，方便志愿者下载和分享博物馆内志愿工作相关的各类音频、视频、图片和文字等数字化资源，配合即将构建的志愿者学术委员会，进行从工作培训到服务质量监督的工作，提升志愿服务的质量和能力。

"嵌入"和"智慧"的实现能够解决上博志愿者团队当下所遇到的一些矛盾和问题，比如志愿者和本馆职工之间的分工和相处时的关系、志愿者工作内容的窄化和固化等问题。长远来看，通过完善法人治理结构、成立理事会等途径，上博志愿者团队将进一步提升"自主管理"的水平，使其不仅仅是服务于上海博物馆的志愿者团队，更是体现城市社会发展水平、服务于上海公共文化发展的团队。上海博物馆的志愿者组织绝非只为上博及其参观者而存在，我们更看重的是上博志愿组织对于上海及全国其他博物馆乃至公共文化机构中志愿者组织的标本和推广意义。

　　"志愿者时代"到来的真正标志并非志愿者服务数量上的简单叠加和工作内容上的迭代，而是志愿者以及志愿者所体现的精神对于社会进步和发展所带来的推动作用，这些"微革命"精准、有效，是公民自愿而选择、自觉而实践的行为。[5] 自觉而有认同，认同才能达成自信，民为邦本，本固而邦宁，志愿者精神及其工作实质是公民意识觉醒和提升的必然，是"固本"的必须，需要全面认识、正确引导、合理扶持。"志愿者时代"既是中国社会发展水平达到一定程度的必然结果，也是社会发展和进步的重要标志。

注释：

〔1〕　关于志愿者工作动力的分析可以参考：Hyejin Bang, Stephen D Ross, "Volunteer motivation and satisfaction", Journal of Venue and Event Management 1(1), 2009。

〔2〕　参 Thainá T. do Nascimento, Juliana B. Porto, Catherine T. Kwantes, "Transformational leadership and follower proactivity in a volunteer workforce", Nonprofit Management and Leadership 28(4), 2018, pp. 565-576。

〔3〕　最新修订的上博志愿者章程对此的表述是："上海博物馆志愿者以无私奉献为原则，通过自己的服务，传播艺术与历史知识，推动社会的精神文明建设，为社会的协调发展和全面进步做出贡献。"

〔4〕　我们常将 Docent 翻译成"讲解员"或者"导游"都不确切，其实更接近于博物馆里的教师。

〔5〕　陈曾路：《博物馆里的"微革命"——"博物馆志愿者"的现状和未来》，《中国博物馆》2012 年第 3 期。

从学习型组织理论看志愿者队伍管理

——以福建博物院为例

福建博物院

陈梓生

摘要：志愿者是现代博物馆的标志之一，是博物馆与社会沟通的重要桥梁，志愿者活动是博物馆参与社会、社会参与博物馆的重要途径。如何将志愿者更好地凝聚在一起，使这个团体更有发展的潜力？笔者认为，借鉴"学习型组织理论"来管理博物馆志愿者队伍，或能更有效地发挥志愿者团队的智慧和力量，并能长久地将志愿者凝聚在一起。本文通过参考国内外博物馆志愿者的管理情况，结合福建博物院志愿者工作的开展现状，借鉴学习型组织理论，探讨志愿者队伍的管理，以使志愿者团队富有活力和凝聚力。

随着社会的不断进步，人们的素质和社会责任感不断提高，越来越多的人乐于参与志愿服务工作。博物馆自免费开放以来，吸引了更多的公众走进博物馆，也吸引了乐于为公众义务服务的人们来到博物馆申请加入志愿者队伍。

博物馆志愿者团队有别于其他志愿服务组织，博物馆志愿者在"弘扬志愿精神，共享人类文明，构建和谐社会"共识的指引下，要具备相关教育背景和扎实的文化功底，担负着向社会公众传播文化知识的使命。近年来，我国博物馆事业有了长足的发展。其中，志愿者队伍的建立与发展是博物馆不可或缺的要素之一，志愿者构成了公众与博物馆之间联系的桥梁。博物馆志愿者队伍的组建与管理将是重要的议题。

20世纪90年代，兴起了"学习型组织理论"。所谓学习型组织，是指通过培养整个组织的学习气氛、充分发挥组织成员的创造性思维能力建立起来的可持续发展的新型组织。学习型组织理论有助于多元且富有弹性的人力资源管理，强调学习与不断成长，十分适合应用在志愿者组织的工作上。因此，通过检视国内外该理论应用于博物馆志愿者服务的情况，并以福建博物院实践的例子作为参照，或许对博物馆志愿者文化工作的推广与发展有参考价值。

一、学习型组织与博物馆志愿者服务

1. 学习型组织理论与特点

在20世纪60年代，美国麻省理工大学佛瑞斯特教授提出了学习型组织的最初构想。他依据系统动力学的概念，认为未来企业组织将由从属关系转为伙伴关系，特点包括层次扁平化、组织信息化、结构开放化。到了90年代，管理学者彼得·圣吉在其著作《学习型组织的艺术与实践》中对概念进行深化，认为"该组织是一个能熟练地创造、获取和传递知识的组织，并不断学习，不断重新调整结构关系，以适应新的知识和见解"。彼得·圣吉认为学习型组织的方法是"发现、纠错、成长"，其精神是"学习、思考和创新"，其关键特征则是系统思考和团队学习。

学习型组织的几个特点包括：

（1）建立共同愿景：通过组织共同的愿景，能够凝聚团队上下层的集体目标，让组织成员努力的方向一致，个人也乐于奉献，为组织奋斗。

（2）组织由多个创造性个体组成，能够适时应变社会上的挑战。

（3）善于不断学习。这是学习型组织的本质特征，其中包括"终身学习"，组织中的成员均应养成持续学习的习惯。"全员学习"即组织的决策层、管理层、操作层都要全心投入学习。"团队学习"强调组织成员的合作学习和组织智力的开发。

2. 学习型组织与志愿者服务工作

自 20 世纪 90 年代中期以后，学习型组织理论由于其多元且丰富的人力资源管理概念，开始逐渐应用到各式企业和单位中。在博物馆的志愿者组织也值得借鉴该理论的团队学习、扁平化组织、建立共同愿景、创造性思考等概念进行实践。由于博物馆的志愿者们来自不同的背景，有不同的人生经验，提供了多元且有创造性的信息来源，让组织能够不停地产生变化与新的交流、互动，并适应新的变革而系统地成长，发展得更紧密与融洽。

志愿者们无私的奉献多半是为了回馈社会，完全不是着眼于金钱或物质上的回报，非常重视自我精神的满足，对心理上的成就感要求比较高。所以他们也看重是否能通过组织不断学习、成长，并获得认同感及归属感。这些概念恰与学习型组织所倡导的特点与内涵一致。因此，恰当运用该理论有助于志愿者服务工作的组建、运营及管理。

二、学习型组织理论与国内外志愿者团队组建的情况

通过学习型组织理论的角度，我们可以看看国外和台湾地区博物馆志愿者服务工作的情况。

1. 美国

美国博物馆通过多元方式让博物馆志愿者更融入组织运作的系统。以美国史密森学会（the Smithsonian Institution）下属的弗利尔美术馆与亚瑟·M. 赛克勒美术馆为例，其志愿者工作有以下特点：

（1）强调主动学习与课后复习

经过博物馆面试合格后的志愿者会参与统一的培训。培训主要包括两部分，其一是有关与来馆民众互动与交流的沟通方式的教育课程，其二是有关藏品和展览的知识教育课程。但更多的培训强调志愿者在课后的自学。弗利尔与

赛克勒美术馆鼓励培训者不断自学，因为仅靠培训不足以面对参观者的各种问题。首先是设置FTP网站点，让志愿者能自行下载、学习相关的参考信息、上课的录音及课件等，有利于缺课的志愿者补课和课后复习。博物馆还会要求缺课的志愿者填写补课表格，描述自学的心得。还有，每次上完课后，博物馆都会通过电子邮件和志愿者保持联系，并提供本次的教学情况和其他阅读的相关信息，以及需要完成的作业和注意事项。

另外，博物馆会让志愿者选择一样展品，对它进行长期的观察，探索、研究相关资料。经过不断的积累，志愿者会对同样的展品从不同角度进行赏析，有助于拓展思路，并学会引导观众发现展品的丰富信息。

（2）透过学习与互动建立归属感

弗利尔与赛克勒美术馆提供志愿者专属的房间，志愿者可以在那里休息、阅读、使用电脑和开会。它们还会为志愿者申请身份证件，使志愿者可以免去入口安检，并享有商店、餐厅消费和停车费等优惠。另外，博物馆透过不同方式的互动，把志愿者的情感联系起来。例如，把经验丰富的志愿者与新人安排在一起，能减少馆方培训的工作量，又可以让成员彼此交流，让新人更快融入组织。还有，让志愿者在节假日与博物馆馆长、员工共进早餐，或是为志愿者举办专属的答谢晚会。当志愿者完成一定时数的服务周期时，博物馆会写感谢信，并在公开场合认可他们的付出。透过这些学习与互动的方式，博物馆希望能够增强志愿者对组织的认同感，让服务工作更好地进行下去。

2. 英国

英国的地方博物馆的志愿者工作以帮助社区服务发展与志愿者获得技能为主要特色，纽卡斯尔的发现博物馆（Discovery Museum）则是强调志愿者服务与职业生涯规划的结合。该博物馆主要介绍当地城市的历史，特别是当地水域与船只的生活文化形态，馆内有许多能让孩子亲身体验的课程与活动。近年来，维护保存社区居民的历史记忆和社区参与功能逐渐重要起来，所以博物馆在培训志愿者时，会以凝聚社区意识为主。同时希望能增强博物馆的社会效益，像是展示教育、文物保存或行政工作等，让当地民众能够从博物馆的学习中，获得就业的技能，如手工艺制作、种植等，以增强升学和就业潜力。

发现博物馆提供的志愿者服务会与社区、文化和教育进行组织性策略联盟，并与其他博物馆、社会福利机构、社区商家等进行合作。所以在整个志愿者培训过程中，会有完整的规划，如活动目标、实施策略及评鉴等。这种志愿者服务的培训方式主要是为了提升当地民众的自信心，甚至进一步帮助他们（特别是社会上相对弱势的群体）获取就业技能。这就是利用学习型组织理论的概念，引入职业生涯规划并实现志愿者的自我超越。

3. 台湾地区

台湾地区博物馆约在 20 世纪 80 年代开始招募志愿者（在台湾地区多称为志工）从事相关的服务工作，迄今已有 30 多年的历史。2001 年通过《志愿服务法》，随后出台一系列相关的法规，如《志愿服务奖励办法》《志愿服务证及服务纪念册管理办法》等，让台湾地区的志愿者制度更加完整，通过多种规范制度，来让志愿者服务工作更加系统化。

（1）多元的培训课程与制度

台湾地区博物馆对志愿者的培训十分多元。以台中自然科学博物馆为例：培训分为两大类，一类是较为基础的课程，是关于提高志愿者的服务价值的实用训练，另一类则是不定期举办的艺术文化或是心灵成长的相关讲座。另外，在 1994 年，为了储备不同岗位的人力资源，增加工作上相互支持的效能，该馆还提出了"见习制度"。见习者能通过此制度认识各岗位人员、熟悉环境、硬件设施与主要业务，并对工作项目和内容有一定程度的了解。该制度蕴含"终身学习"及"志愿服务"的理想，让志愿者的成长学习与服务相辅相成。

（2）通过读书会的团体学习

台湾地区许多博物馆的志愿者团队都有定期举行的读书会，因为相较于单向式的培训，双向交流的读书会是互动效果更好的团体学习成长活动。通常由资深的志愿者或管理干部担任该次读书会的领读人，讨论书的内容，并让大家各自分享读后心得。除讨论书籍外，也可以有更多元丰富的讨论方式和内容，例如新北市世界宗教博物馆的志愿者会讨论和展示内容相关的电影。读书会后，由志愿者将读书会内容加以整理记录，并放在网页等公众平台或是传递给其他志愿者。如果场地许可，这类活动可以开放给民众参与，不仅可以丰富博物馆的活动形式，也是对志愿者服务工作的良好宣传。这就是透过学习型组织理论建立活动流程，并对服务工作进行系统化管理和推广。

三、学习型组织理论在福建博物院志愿者服务中的应用

博物馆志愿者是一个热爱文化事业的群体。据研究显示，博物馆志愿者之所以认为在博物馆工作是有价值的，最主要的原因是博物馆提供了学习的机会。福建博物院志愿者不仅承担着固定陈列的讲解工作，还先后承担了大量临时展览的讲解工作，同时参与社会教育活动的策划、主持、现场协助等工作。这些都需要志愿者不断地积累知识。福建博物院一直重视志愿者的学习，努力营造学习氛围，给他们提供尽可能多的学习机会和学习平台，并规范组织制度，让志愿服务工作更加系统化。

1. 完善管理机制，规范志愿服务

完善管理机制，以人为本，发掘志愿者的特长，规范服务制度，使志愿者处于自我管理的主动状态，保证志愿者工作长远的发展。

福建博物院志愿者队伍成立于 2005 年，经过 10 多年的发展，已经形成了一支颇具规模、管理有序的队伍，包括社会志愿者、小志愿者团队和学生志愿者团队。社会志愿者来自各行各业、各种年龄段。福建博物院注重志愿者管理模式的规范化和自主化，建立了一系列的招募、培训、考核、激励、评估等制度，成立了志愿者工作委员会和小志愿者家委会，进一步强化了志愿者队伍的规范化管理和自我管理。

为了加强志愿者的归属感，使他们融入团队，福建博物院社教部工作人员和志愿者共同策划、创作了配合"绿叶对根的情意——华侨华人奉献展"的情景剧剧本，并同台演出，通过艺术化的表演重现那段历史，进一步解读展览。整个排练过程氛围融洽，演出感人肺腑。志愿者们通过参与情景剧的编排演出，加强了参与感和归属感。福建博物院每年都编撰志愿者年刊，志愿者们参与编写，在年刊中用文字分享经验，抒发感想。此外，福建博物院每年评选年度十佳志愿者，激发了志愿者的荣誉感。目前，福建博物院在制定星级志愿者评选制度，给优秀志愿者精神上的鼓励，同时也激励志愿者们共同发展进步。

2. 加强培训，强调团队之间的学习

博物馆志愿者是文化传播的使者，他们有着求知的热情。加强团队培训，强调团队之间的学习，在志愿者队伍中构建良好的学习氛围，有利于队伍积极的发展。

（1）与志愿服务相关的交流沟通技巧的培训

志愿者在上岗提供讲解服务之前，需要接受展前的培训辅导，其中包括讲解技巧、与观众沟通的方式等。这些培训主要由社教部工作人员来承担。

（2）与展览和藏品相关的知识培训

福建博物院每年都会举办丰富多彩的临时展览。志愿者们不仅参与固定陈列的讲解工作，也参与部分临时展览的讲解工作。志愿者们在讲解服务中，需要补充更多的知识，为了提高志愿服务质量，强化其业务水平，福建博物院专门为志愿者们开设了"馆舍间的天地""旧石器时代考古研究基础知识""福建古代文明之光解读""福建戏曲大观解读""工艺藏珍""触觉感知艺术""丝路帆远——海上丝绸之路精品陈列文本释读"等培训课程。在一些临时展览的开放前期，志愿者们和社教部工作人员一起查找资料，组建微信群，积极交流，共享资源；展览期间，志愿者们会不间断地在展厅中相互交流，取长补短。

为了拓展志愿者的知识，给他们提供更直观的学习方式，同时也为了中国博物馆协会志愿者专业委员会提出的开展"志愿者万里行"的倡议，福建博物院组织优秀志愿者赴古建筑群和考古工地参观学习，相关专家与志愿者面对面交流沟通，这使志愿者能够更好地理解展厅内容，同时激发了他们的求知欲。

2013年，福建博物院联合海上丝绸之路沿线的江苏、浙江、福建、山东、广东、广西、海南七省以及上海、江西等地的45家博物馆，共同举办大型展览"丝路帆远——'海上丝绸之路'文物精品七省联展"。为了再现海上丝绸之路的波澜壮阔，向观众描述真实生动的历史，福建博物院组织优秀志愿者，分别于2013年3月和12月，到漳州南靖、平和等地探索古代的外销窑址，并赴广东寻觅海上丝绸之路的历史踪迹。

福建博物院为志愿者提供交流学习的平台，不定期地开展志愿者沙龙。志愿者们来自各行各业，皆有自身的专长。他们发挥自身的专业优势，结合展览，陆续开展了"漫谈中国古代服饰""中国科举制度简述""古桥通津""佛教造像欣赏""茶叶之旅"等讲座。

通过共同学习、共同提升的方式，福建博物院的志愿者形成了团队内部共同学习的良好氛围，在不断学习和交流的过程中增强了向心力。

3. 加强个人学习的规划

共同的学习和进步使志愿者凝聚在一起，他们在学习中也会逐渐培养出自己的爱好和兴趣点。有的人喜欢陶瓷，有的人关注青铜器，有的人热爱古汉字，有的人对雕塑感兴趣。

我们在创造共同学习机会的同时，也根据不同志愿者的爱好，尽可能给他们提供各个领域的学习机会。我们在一些大型临时展览前期，会根据志愿者的不同爱好，组建临时展览讲解队伍，给志愿者们提供各类知识的培训和辅导。一些志愿者在某些领域颇有建树，会在展览前期，为福建博物院社教部工作人员和其他志愿者提供培训。通过这种方式，我们为一些新加入志愿者队伍的志愿者展示出了前景和未来志愿活动规划，有利于大家树立目标并共同发展。

四、结语

博物馆是社会教育的重要承担者，是学生的"第二课堂"，也是成人的"终身课堂"。联合国教科文组织曾在一份主题报告中写道：现在和未来的社会将是一个学习化的社会。博物馆志愿者作为博物馆重要的辅助力量，正在博物馆工作中发挥着越来越重要的作用。将学习型组织理论应用到志愿者管理上，不仅培养了整个志愿者组织的学习气氛，强化了博物馆的职能，同时也使博物馆的志愿者组织实现持续发展，从而更好地服务观众，服务社会。

本文曾发表于《福建文博》2017 年第 3 期

参考文献：

〔1〕 刘守柔：《责任与情感——以"Artizen"为例的美国博物馆志愿者项目观察》，《上海文博论丛》2013 年第 1 期。

〔2〕 陈雪云：《英国博物馆政策及地方策略联盟考察》，台湾地区"行政院文化建设委员会出国报告"，2010 年。

〔3〕 张佳书、龙海娇、洪晓逸：《中国台湾地区志工服务：特点及启示》，《北京航空航天大学学报》（社会科学版）2016 年第 4 期。

〔4〕 李敏行、齐维京：《台湾地区博物馆志愿者培训制度探析》，《中国博物馆》2012 年第 3 期。

〔5〕 曾维和：《学习型组织理论对第三部门志愿者管理的启示》，《广东青年干部学院学报》2005 年第 2 期。

〔6〕 孙兰珠:《对学习型组织进行系统思考学习》,《管理研究启航》2016 年第 1 期。

〔7〕 刘世锦：《中国文化遗产事业发展报告（2009）》，社会科学文献出版社，2010 年。

义务教育阶段学生志愿服务现状及启示

山东博物馆

王斌　姜惠梅　席丽

摘要： 博物馆小志愿者中很大一部分是义务教育阶段的学生，这部分学生处于道德行为习惯培养的最佳时期和价值观形成的萌芽期，作为重要的社会教育机构，博物馆参与培养义务教育阶段学生的志愿服务意识和志愿精神义不容辞。为此我们对义务教育阶段学生的志愿服务现状进行了实证研究，研究结果表明：义务教育阶段学生对志愿者、志愿服务及参与志愿精神培训有着积极的态度，学段、性别、父母与同辈群体及志愿服务经历均与学生的志愿服务现状存在着相关性。这一研究结果为博物馆开展小志愿者工作提供了参考和指导。

2008 年 10 月，中央文明委《关于深入开展志愿服务活动的意见》指出，要把志愿精神作为未成年人思想道德建设的重要内容，纳入学校的教育教学，体现到课堂教学、课外活动和社会实践中，不断增强广大青少年的志愿服务意识。2014 年 2 月，中央文明委印发《关于推进志愿服务制度化的意见》，指出要把志愿服务纳入学校教育，鼓励在校学生人人参加志愿服务。作为重要的社会教育和公共服务机构，博物馆在搭建未成年人思想道德建设平台、培育义务教育阶段学生的志愿服务精神上，有着得天独厚的条件。整个小学阶段是培养道德行为习惯的最佳期，初中阶段价值观开始萌芽。[1]培养义务教育阶段学生良好的道德行为习惯，给学生积极的价值引导，让学生从小养成"奉献、友爱、互助、进步"的志愿精神，对个人与社会意义重大。为此我们对义务教育阶段学生的志愿服务现状开展研究，探讨存在的问题并提出解决策略。研究采用问卷调查的方式，从济南市几所共建学校随机抽取学生样本 2000 个，发放调查问卷 2000 份，其中有效问卷 1971 份，问卷有效率 98.55%。采用 SPSS 软件对数据进行录入、分析。

一、频次分析

Q1：你的年级？

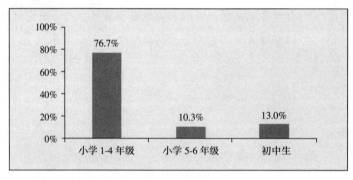

图 1　各年级所占百分比

小学 1-4 年级学生占 76.7%，小学 5-6 年级学生占 10.3%，初中生占 13.0%。

Q2：你的性别？

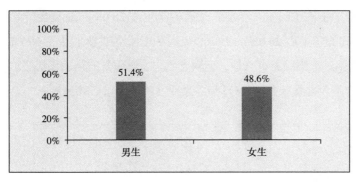

图 2　不同性别所占百分比

男生占 51.4%，女生占 48.6%，可见男女比例相当。

Q3：你参加过志愿服务吗？

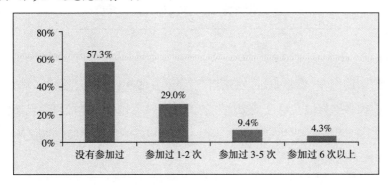

图 3　参加志愿服务的比例

没有参加过志愿服务的学生占 57.3%，参加过 1-2 次的学生占 29.0%，参加过 3-5 次的学生占 9.4%，参加过 6 次以上的学生占 4.3%。可见一半以上的学生没有任何志愿服务经历。

Q4：你为什么没有参加志愿服务呢？（Q3 回答 0 次的请回答此问题）

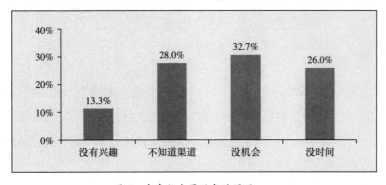

图 4　未参加志愿服务的原因

没兴趣的学生占13.3%，不知道渠道的学生占28.0%，没机会的学生占32.7%，没时间的学生占26.0%。不知道渠道和没机会的学生共占60.7%，可见绝大多数学生对志愿服务有兴趣，但缺乏参与志愿服务的渠道和机会。

Q5：你为什么参加志愿服务？（Q3回答大于0次的请回答此问题）

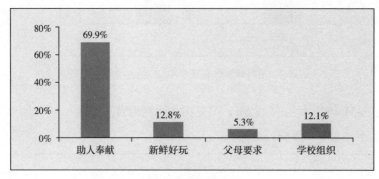

图5　参加志愿服务的原因

选择"帮助他人，奉献爱心，锻炼自己"的，占69.9%；选择"觉得新鲜好玩"的，占12.8%；选择"父母让我参加"的，占5.3%；选择"学校组织我参加"的，占12.1%。七成的学生抱着助人奉献、自我提高的目的参加志愿服务。

Q6：你知道志愿服务是什么吗?

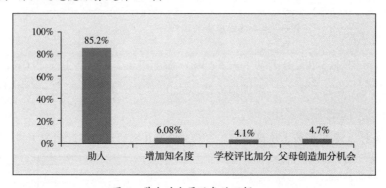

图6　学生对志愿服务的理解

选择"帮助需要帮助的人"的，占85.2%；选择"增加个人知名度"的，占6.0%；选择"在学校评比中的加分项"的，占4.1%；选择"爸爸妈妈给我创造的加分机会"的，占4.7%。认为志愿服务可以加分的总共占到了8.8%。八成以上的学生对志愿服务有着积极的认识。

Q7：你有没有参加过志愿精神的培训?

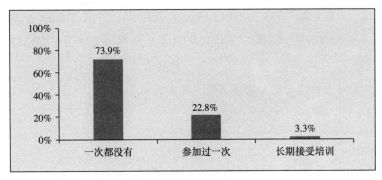

图 7　参加志愿精神培训的比例

一次都没有参加过的，占 73.9%；参加过一次的，占 22.8%；长期接受培训的，占 3.3%。参加过培训的学生占 26.1%，七成多学生没有参加过志愿精神的培训。

Q8：你对志愿者的评价是什么？

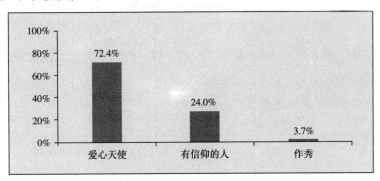

图 8　对志愿者的评价

选择"爱心天使"的，占 72.4%；选择"有信仰的人"的，占 24.0%；选择"做秀"的，占 3.7%。可见 96.4% 的学生对志愿者有着积极的评价。

Q9：你认为获取志愿精神知识有必要吗？

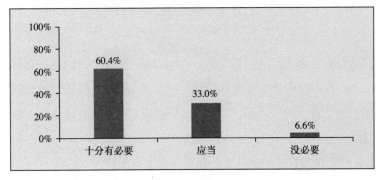

图 9　获取志愿精神知识的必要性

选择"十分有必要"的，占60.4%；选择"应当"的，占33.0%；选择"没必要"的，占6.6%。93.4%的学生认为应当或十分有必要接受志愿精神知识的培训。

Q10：你的父母和身边的朋友有没有做志愿者的？

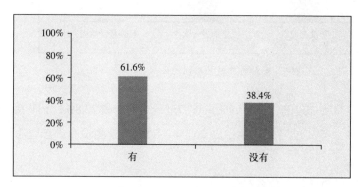

图10　父母和朋友做志愿者的比例

选择"有"的，占61.6%；选择"没有"的，占38.4%。六成以上的学生父母或朋友有做志愿者的。

Q11：你觉得参加志愿服务对你有什么帮助？

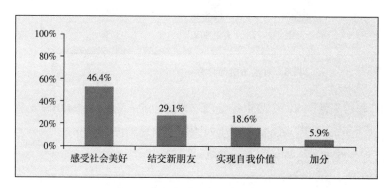

图11　参加志愿服务的意义

选择"感受到社会美好的一面"的，占46.4%；选择"可以结交很多新朋友"的，占29.1%；选择"实现自我价值"的，占18.6%；选择"给自己更多的加分机会"的，占5.9%。可见学生参加志愿服务主要基于社会性需要和自我提高的需要。

Q12：如果学校开设志愿精神的课程，你愿不愿意参加？

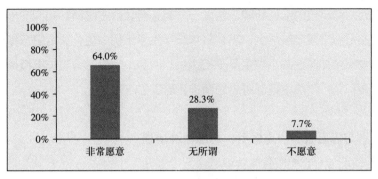

图 12　参加学校开设志愿精神课程的态度

选择"非常愿意"的，占 **64.0%**；选择"无所谓"的，占 **28.3%**；选择"不愿意"的，占 **7.7%**。六成以上的学生非常愿意参加学校的志愿精神课程培训。

二、交互分析

1. 学段与志愿服务、志愿者、志愿精神培训

（1）学段与对志愿服务的认识

Q1 与 Q6、Q1 与 Q11 进行交互分析，卡方检验 p 均为 0.000<0.05，说明不同学段的学生对志愿服务的认识不同。两两比较的结果表明：认为志愿服务可以增加个人知名度的小学生多于初中生；认为志愿服务是在学校评比中的加分项的初中生多于小学生；认为志愿服务是帮助需要帮助的人的小学高年级学生和初中生多于小学低年级学生；认为志愿服务可以结交朋友的小学低年级学生多于小学高年级学生和初中生；认为志愿服务可以实现自我价值的初中生和小学高年级学生多于小学低年级学生；认为志愿服务可以感受到社会美好的一面的小学高年级学生多于小学低年级学生和初中生。

（2）学段与对志愿者的认识

Q1 与 Q8 进行交互分析，卡方检验 p=0.000<0.05，说明不同学段学生对志愿者的评价不同。两两比较的结果表明：认为志愿者是爱心天使的小学生多于初中生；认为志愿者是有信仰的人的初中生多于小学生。

（3）学段与对志愿精神培训的态度

Q1 与 Q9、Q1 与 Q12 进行交互分析，卡方检验 p 均为 0.000<0.05，说明不同学段学生对获取志愿精神知识必要性的认识和对学校开设志愿精神课程的

态度不同。两两比较的结果表明：认为十分有必要获取志愿精神知识的小学低年级学生多于小学高年级学生，小学高年级学生多于初中生；非常愿意参加学校开设的志愿精神课程的小学生多于初中生。说明小学生对参与志愿精神培训的态度更为积极，年龄段越低对志愿精神的培训需求越高。

2. 性别与志愿服务、志愿者、志愿精神培训

（1）性别与对志愿服务的认识

Q2 与 Q6、Q2 与 Q11 进行交互分析，卡方检验 p=0.001，p=0.010，均小于 0.05 的临界值，说明不同性别学生对志愿服务的认识不同。两两比较的结果表明：认为志愿服务可以帮助需要帮助的人的女生多于男生；认为志愿服务可以感受到社会美好的一面的女生多于男生。说明女生对志愿服务的态度更为积极。

（2）性别与对志愿者的认识

Q2 与 Q8 进行交互分析，卡方检验 p=0.000<0.05，说明不同性别学生对志愿者的评价不同。两两比较的结果表明：认为志愿者是爱心天使的女生多于男生；认为志愿者是有信仰的人的男生多于女生。

（3）性别与对志愿精神培训的态度

Q2 与 Q9、Q2 与 Q12 进行交互分析，卡方检验 p=0.001，p=0.000，均小于 0.05 的临界值，说明不同性别学生对获取志愿精神知识必要性的认识和对学校开设志愿精神课程的态度不同。两两比较的结果表明：认为没必要获取志愿精神知识的男生多于女生，认为十分有必要获取志愿精神知识的女生多于男生；被问及是否愿意参加学校开设的志愿精神课程时，选择不愿意和无所谓的男生多于女生，选择非常愿意的女生多于男生。女生对参与志愿精神培训的态度更为积极。

3. 志愿服务经历与志愿服务、志愿者、志愿精神培训

（1）志愿服务经历与对志愿服务的认识

Q3 与 Q6 、Q3 与 Q11 进行交互分析，卡方检验 p=0.043，p=0.001，均小于 0.05 的临界值，说明是否参与过志愿服务影响学生对志愿服务的认识。两两比较的结果表明：认为志愿服务是帮助需要帮助的人的，参加过志愿服务的学生多于未参加过的学生；认为志愿服务可以结交朋友的，没参加过志愿服务的学生多于参加过的学生；认为参加志愿服务可以实现自我价值、可以感受到社会美好的一面的，参加过志愿服务的学生的多于没参加过的学生。有志愿服务经历的学生对志愿服务的认识更加深刻。

（2）志愿服务经历与对志愿者的认识

Q3 与 Q8 进行交互分析，卡方检验 p=0.229>0.05，说明有无志愿服务经历不影响学生对志愿者的认识。

（3）志愿服务经历与对志愿精神培训的态度

Q3 与 Q9、Q3 与 Q12 进行交互分析，卡方检验 p=0.017，p=0.000，均小于 0.05 的临界值，说明志愿服务经历影响学生对获取志愿精神知识必要性的认识和对学校开设志愿精神课程的态度。两两比较的结果表明：没有参加过志愿服务的学生认为没必要获取志愿精神知识的比例高，参加过志愿服务的学生认为应当获取志愿精神知识的比例高；被问及是否愿意参加学校开设的志愿精神课程时，没有参加过志愿服务的学生选择不愿意和无所谓的比例高，参加过志愿服务的学生选择非常愿意的比例高。有志愿服务经历的学生对参与志愿精神培训的态度更为积极。

4. 父母或朋友有无做志愿者的与志愿服务、志愿者、志愿精神培训

（1）父母或朋友有无做志愿者的与对志愿服务、志愿者的认识

Q10 与 Q6、Q10 与 Q11、q10 与 Q8 进行交互分析，卡方检验 p=0.185，p=0.287，p=0.383，均大于 0.05 的临界值，说明父母或身边朋友有无做志愿者的与学生对志愿服务、志愿者的认识没有影响。

（2）父母或朋友有无做志愿者的与对志愿精神培训的态度

Q10 与 Q9、Q10 与 Q12 进行交互分析，卡方检验均是 p=0.000<0.05，说明父母或身边朋友有无做志愿者的对获取志愿精神知识必要性的认识和对学校开设志愿精神课程的态度有影响。两两比较的结果表明：父母或朋友中无志愿者的学生认为没必要获取志愿精神知识的比例高，父母或朋友中有志愿者的学生认为十分有必要获取志愿精神知识的比例高；父母或朋友中无志愿者的学生对参与学校开设的志愿精神课程持不愿意和无所谓态度的多，父母或朋友中有志愿者的学生对参与学校开设的志愿精神课程持非常愿意态度的多。有父母或朋友做志愿者的学生对参与志愿精神培训的态度更为积极。

三、综合讨论

1. 义务教育阶段学生志愿工作现状

志愿精神是一种自愿的、不为报酬和收入而参与推动人类发展、促进社会进步和完善社区工作的精神，是公众参与社会生活的一种重要方式，在一些国家志愿精神是公民社会和公民社会组织的精髓。[2]志愿者、志愿服务与志愿精神有着密不可分的关系：志愿精神是志愿服务的本质所在，是志愿者行为和感受的升华；志愿者是开展志愿服务的主体，是志愿精神的根本载体。[3]

义务教育阶段学生九成认为志愿者是爱心天使和有信仰的人；七成以上的学生出于助人、交友、感受社会的美好等社会性需要和实现自我价值、自我提高的需要参加志愿服务；六成以上的学生非常愿意参加学校的志愿精神课程培训。可见，义务教育阶段的学生对志愿工作有着十分积极的认识，绝大多数学生对志愿服务有兴趣，但仅有不到一半的学生参与过志愿服务，一半以上学生缺乏参与志愿服务的渠道和机会，七成多学生没有参加过志愿服务精神的培训。

2. 影响义务教育阶段学生志愿工作的相关因素

义务教育阶段学生对志愿工作的认识受学段、性别、志愿服务经历、父母和朋友的影响。

（1）对志愿者的认识

认为志愿者是爱心天使的小学生多于初中生，女生多于男生；认为志愿者是有信仰的人的初中生多于小学生，男生多于女生。

（2）对志愿服务意义的认识

年级越高，认为志愿服务可以实现自我价值的学生越多；有志愿服务经历的学生认为志愿服务可以实现自我价值的多；认为志愿服务是帮助需要帮助的人的小学高年级学生和初中生多于小学低年级学生，有志愿服务经历的学生多于无志愿服务经历的学生，女生多于男生；认为志愿服务可以感受到社会美好的一面的小学高年级学生多于小学低年级学生且多于初中生，女生多于男生，参加过志愿服务的多于没参加过的；认为志愿服务可以结交新朋友的小学低年级学生多于小学高年级学生和初中生，没参加过志愿服务的多于参加过的；认为志愿服务可以增加个人知名度的小学生多于初中生；认为志愿服务可以加分的初中生和小学高年级学生多于小学低年级学生。

（3）对志愿精神培训的态度

认为获取志愿精神知识十分必要的女生多于男生，父母与身边的朋友有做志愿者的多于身边没有做志愿者的，低年级学生多于高年级学生；没有志愿服务经历的学生认为没必要的多。

非常愿意参加学校开设的志愿精神课程的小学生多于初中生，女生多于男生，参加过志愿服务的多于没参加过的，父母和朋友中有志愿者的多于没有的。

四、对博物馆小志愿者工作的启示

我国博物馆小志愿者活动始于 20 世纪 90 年代末，正处于蓬勃发展期，由于开展历史不长，大多数博物馆小志愿者活动还处于空白状态，整体还处在初级的发展时期。[4]义务教育阶段学生志愿服务现状的研究为博物馆开展小志愿者工作指明了方向，给我们以下几方面的启示。

1. 明确小志愿者工作定位，重点在于志愿精神的培育

义务教育阶段学生对志愿服务的认识健康、积极，但毕竟思想还不成熟、不稳定，博物馆不应将对小志愿者定位的重点放在为博物馆提供更多服务、降低博物馆开放成本，而应充分发挥博物馆社会实践基地、德育教育基地的功能，让孩子参与社会实践，在服务中养成志愿服务精神，体验"我参与、我奉献、我快乐"的心理感受，将这一精神内化为自己的价值观念。

2. 加大宣传力度，为小志愿者提供更多的服务岗位

多数学生缺乏志愿服务的渠道和机会，博物馆应在学生中加大宣传，让更多的学生了解博物馆能为他们提供志愿服务的机会。同时博物馆应增设小志愿者服务岗位，不局限于讲解，而是包含教育活动、观众调查、引导、秩序维护等岗位，在节假日、寒暑假青少年参观量相对较大时，创新小志愿者服务方式，由小志愿者来管理孩子的参观行为。博物馆应尽可能为小志愿者提供锻炼各方面能力的岗位，让更多的学生获得志愿服务机会，哪怕只有一次志愿服务经历，学生对志愿服务的态度也会变得更为积极，一次机遇便是一个良好的开端。

3. 建立家庭、学校、博物馆相结合的志愿服务体系

父母和身边朋友有志愿者的学生对志愿精神培训的态度更为积极。小学生处于父母、教师权威阶段，初中生则受同辈群体的影响很大。因此构建志愿服务的家庭、学校环境，让学生身处志愿服务的大环境，感觉志愿服务无处不在，找到身边的志愿者榜样，体会志愿服务的意义，对于培育志愿精神、增加志愿服务行为非常重要。因此，博物馆在加强自身力量的同时，可和学校、家庭开展合作，鼓励学校组织学生来博物馆参与社会实践，或者定期到学校开展志愿精神培训，并鼓励亲子志愿者同时参与博物馆服务，父母的身教胜于言传，有助于孩子在潜移默化中养成志愿服务的行为习惯。

4. 小志愿者培训力求精细化、趣味化

学段和性别影响学生对志愿服务的认识，小学高年级以上的学生比小学低年级学生更能认识到志愿服务的本质在于奉献、助人，而小学生比初中生、女生比男生更愿意接受志愿精神的培训，因此小志愿者培训不应对所有学生采取一刀切的方式，而是要根据其年龄特点和性别特征，精心设计和组织开展志愿实践培训活动，避免进行知识的灌输，注重寓教于乐，将知识性与趣味性相结合。

参考文献：

〔1〕 林崇德：《发展心理学》，人民教育出版社，1995 年，页 344-390。

〔2〕 丁元竹、江汛清：《志愿活动研究：类型、评价与管理》，天津人民出版社，2001 年，页 2。

〔3〕 穆青：《如何理解志愿服务与志愿精神》，《北京青年政治学院学报》2005 年第 3 期，页 11-14。

〔4〕 吴镝：《浅谈我国博物馆小志愿者》，《中国校外教育》，2011 年第 6 期，页 37-38。

行志愿尽显民族风采
献爱心传播草原文化
——内蒙古博物院志愿者工作探索与实践

内蒙古博物院

乌兰托娅　贲刘

摘要： 随着社会的发展，国家对社会文明风尚不断进行引导，志愿服务意识在国内也越来越被人们所重视。博物馆的志愿者具有独特性，有着传播文化的功能。作为少数民族地区的博物馆，内蒙古博物院注重特色，立足区情，开展具有民族地区特点的志愿服务活动。志愿精神体现了社会主义道德的基本要求，具有鲜明的时代特征。在实践中，我们总结了一些经验。本文结合内蒙古博物院志愿者团队工作实践，对内蒙古博物院志愿者工作思路与做法进行总结和分享。

内蒙古博物院的前身为内蒙古博物馆，成立于1957年，是中国少数民族地区最早建立的、规模最大的博物馆，是内蒙古唯一的省区级综合性博物馆，也是自治区首家国家一级博物馆。内蒙古博物院作为内蒙古自治区成立六十周年重点献礼工程于2007年7月31日对外开放，建筑面积6.4万平方米，展厅、社会教育等公众活动区域面积3万多平方米，是浓缩了中国北方亿万年来生态变迁，千百年草原文明进程和自治区当代政治、经济、社会发展的"百科全书"。

自建院以来，内蒙古博物院高度重视志愿者服务工作，志愿者工作呈现出蓬勃发展的良好态势。志愿者团队年龄结构合理，其中18-30岁的青年人占比60%，30-50岁的中年人占比25%，50-65岁退休职工占比15%；学历包括高中、本科、硕士、博士等；职业有学生、工人、干部、教师、工程师等；来源地域分布广泛，包括本地、外阜及国外友人。内蒙古博物院志愿者团队中，中青年人是主干，学校教师是生力军，老年人是精彩的辅助，年轻学者成为团队的中坚力量，他们有力保障了志愿服务的品质，使志愿服务领域得到拓展。自2007年志愿者团队成立至今，我院已经拥有注册志愿者近千人，其中，日常服务的有236人，每周服务的有100余人。内蒙古博物院志愿者工作的指导思想是打造具有地区特点和民族特色的博物馆志愿服务。

一、突出特色，狠抓志愿者队伍建设

1. 征集标识，统一服装，建立团队文化

团队形象代表团队文化，鲜明的团队文化是增强团队凝聚力、促进团队合作、开展团队工作的重要助推力。作为民族地区博物馆，内蒙古博物院高度重视志愿者团队特色形象的设计与塑造，立足地区特点和民族特色，打造志愿者团队形象，建设志愿者团队文化。志愿者团队整体形象是志愿者精神风貌的最好体现，有助于增强志愿者归属感和凝聚力，不断扩大社会影响力与吸引力。

打造志愿者文化的统一标识是建设志愿者团队文化的最基本举措。在2016年初，内蒙古博物院举办了"内蒙古博物院志愿者logo与卡通形象征集活动"，面向社会征集属于内蒙古博物院自己的志愿者团队标识。内蒙古博物院志愿者团队因此有了象征草原文化和志愿者团队精神的logo和卡通骏马"骏骏"的形象代表。logo标识整体是"内"字的变形设计，代表内蒙古博物院志

愿者团队，以骏马、爱心、手等元素组成。骏马是草原天骄；爱心代表了志愿者团队服务社会、乐于奉献的精神；手既是接纳，又是包容，代表所有有公益心的朋友一起手拉手向前走，寓意内蒙古博物院的志愿者团队在大家的共同努力下不断进步，更好地服务社会。

内蒙古博物院还为志愿者制作了极具民族特色的蓝色马甲，logo 放在靠近心脏的位置，从此，"蒙古蓝"在博物院的每一个角落闪光。统一的制服增强了志愿者服务的自信心、自豪感和团队归属感。而代表着草原的骏马卡通形象也身着志愿者马甲，张开双臂迎接来自世界各地的朋友。

2. 多元招募，完善考核，优化团队服务

内蒙古博物院自 2007 年开始每年面向社会公开招募志愿者，通过网络、报纸、广播等多种渠道进行宣传，采用网络、现场两种方式进行报名。通过建立健全招募机制，不断扩大队伍，让更多有爱心、乐于奉献的人能够加入博物院志愿者团队这个大家庭。

为了保证志愿服务工作水平，内蒙古博物院制定了严格的志愿者入选标准，通过简历筛选以及初选面试环节进行"实习志愿者"选拔。通过选拔的人可成为内蒙古博物院实习志愿者，获得"实习志愿者工作证"，他们的岗位安排分为服务岗和讲解岗两个方向。

为了优化团队服务，会统一安排时间对应届志愿者进行考核，通过考核才能升级为正式志愿者。考核采用约考机制，志愿者根据自己的学习进度随时通过网络平台预约报名。讲解岗的考核内容为通厅讲解，每半天约考人数上限 4 人，保证考官对每一名志愿者的讲解都能认真聆听，作出点评。服务岗志愿者的考核内容包括前厅服务、检票、存包、发票和互动空间教育活动辅导，须通过笔试和实际操作两部分考核。笔试考核志愿者所涉及的每个岗位的职责；实际操作注重考核志愿者在工作中解决具体问题和应对突发事件的能力。实习志愿者选择岗位、进行相应的考核并达到要求后，方可成为正式志愿者。

约考机制充分尊重志愿者意愿，照顾他们的时间安排，不加强制，由此反而大大提高了考核通过率，志愿服务质量也得到有效保障。

二、创新模式，不断完善志愿者管理

1. 合作管理，强化交流，搭建沟通桥梁

如何对志愿者进行有效管理？内蒙古博物院积极思考、勇于实践，积极创新管理模式，成立了志愿者管理组，设组长 2 名，分别由博物院社会教育部志愿者工作负责人及志愿者担任；组员 8 名，由社会教育部 4 名工作人员与 4 名志愿者共同组成。这样的管理模式使博物院能够更加直接准确地了解志愿者的所感、所想，更快速便捷地听取志愿者对于团队建设的意见和建议。志愿者也能第一时间明确博物院关于志愿者工作的思路和举措。这一模式搭建起志愿者与博物院之间的桥梁，很好地协调了博物院与志愿者之间的关系，更有助于双方的沟通与工作完善，志愿者管理组成为了志愿者与博物院之间的粘合剂。

2. 建立制度，严格考勤，实现有效管理

对志愿者团队的管理不同于对员工的管理，志愿者是无偿服务，既要鼓励他们志愿服务的积极性，又要保证他们能够按时履约服务。志愿者管理组积极制定了《志愿者服务章程》，建立健全的志愿者管理制度，通过制度使志愿者明确服务内容。

内蒙古博物院建立了严格的志愿者考勤机制。志愿者需要完成每周 3 小时、每年 150 小时的志愿服务时间。除周一闭馆日外，志愿者可以在周二至周日任意选择一天作为志愿服务日；一天中志愿者可以选择 9:30-12:30、12:30-15:30、14:00-17:00 三个时段中的任一个作为志愿服务时间段，并与志愿者管理小组协调确定自己的服务时间段。每周日志愿者管理组都会公示上一周志愿者的实际服务时间，志愿者可根据自己下一周的实际情况于周一晚间 20:00 之前与志愿者管理组协调进行调整，逾期调整视为请假。此考勤机制有效地平衡分配了志愿者服务时间，有力地保障了志愿者常规服务的顺利进行，使志愿服务确保常态化。

志愿者管理组会为来院服务的志愿者发放工作证，志愿者工作证可清楚地记录每一次志愿服务。《志愿者服务手册》是志愿者与观众交流沟通的媒介，可以记录观众对于志愿服务的意见、建议和期望。志愿者管理组根据《志愿者服务岗位安排表》，定时进行岗位巡查与监督，确保志愿服务效果。讲解岗位的志愿者讲解次数会得到清晰的记录，对志愿者起到很好的督促与鼓励作用。

无论是在志愿者胸卡、志愿者工作证还是在《志愿者服务手册》上，都可以看到属于内蒙古博物院志愿者团队的 logo，这些小细节看似简单，可它们像粘合剂一样，将每一名志愿者牢牢地联系在一起，增强了团队的集体荣誉感，促进了志愿者队伍的规范化发展。目前内蒙古博物院志愿者管理拥有了自己的 APP 管理平台，日常管理实现网络自动化，大大提高了工作效率。

三、凝心聚力，鼓励志愿者发挥作用

1. 注重细节，心意相通，凝心携手奋斗

随着志愿工作的不断深入，博物院和志愿者的心靠得越来越近，是朋友，更似亲人。真情和真心是博物院与志愿者连接的纽带，情感的交流是团队凝聚力的保证。内蒙古博物院关心每一名志愿者，让他们感到"亲如一家"，感到自己是博物院大家庭中的一员。志愿者拥有专门的休息学习区，还有独立的储物柜。休息学习区简单明朗的设计、安静的环境、轻松的绿色让人心情愉悦，志愿者们可以在这个属于他们的区域看书、交流、休息。及时洞察志愿者的想法、采纳他们的建议，目的在于汇聚一切力量，共同打造民族地区的特色志愿团队。

2. 表彰优秀，鼓舞人心，践行志愿精神

为了增强团队凝聚力、更好地鼓励志愿者发挥作用，每年的 12 月 5 日"国际志愿者日"都会举行内蒙古博物院志愿者年会，对各方面有突出表现的志愿者予以表彰鼓励。设立的奖项有"最佳讲解""最佳服务""最佳出勤""最佳坚持""最佳奉献""最佳贡献"奖各 1 名，以及"内蒙古博物院十佳志愿者"。此举旨在更好地弘扬志愿服务精神，表彰优秀，鼓舞人心，增强团队凝聚力，引领志愿者更好地践行志愿服务精神。

四、重视培训，提升志愿者服务水平

作为民族地区博物馆，内蒙古博物院立足地区特点和民族特色，力求打造具有民族特色的志愿服务，积极吸纳掌握蒙汉双语的志愿者，更好地为民族地区观众服务。学习北方民族历史文化和民俗知识及民族政策是进行服务与开展

活动的基础。因此内蒙古博物院非常注重对志愿者的培训，将培训作为博物院志愿者开展活动的第一步。

志愿者看似是承担日常观众服务和展厅讲解，实则是代表民族地区形象传播历史文化。因此，要在课程的安排上下功夫，有针对性地设计适合志愿者的课程。承担培训课程的教师包括博物院专家、大学教授等，培训包括以下内容：

1. 针对博物院陈列有指向性的中国北方民族历史文化系列课程培训，帮助志愿者了解相关历史知识。

2. "前厅服务岗岗位培训"，让志愿者可以迅速进入状态，融入博物院的日常工作中。

3. "讲解艺术课程培训""礼仪课程培训"，帮助志愿者体会讲解与日常交流的区别，以及博物院志愿服务的基本礼仪和规范。

4. 社会教育是博物馆的重要职能之一，"你好！博物馆""博物馆教育与功能""博物馆教育活动的策划与实施"这三节课可以让志愿者更加了解博物馆的重要职能。

课程设置深入浅出，既注重专业性和准确性，又注重趣味性和生动性，让志愿者们可以清晰地梳理所学知识，使他们能够学以致用，不断提升志愿者服务专业水平。

五、立足区情，打造志愿者特色服务

1. 了解区情，明确使命，确立工作目标

民族地区大都地处边疆，其历史发展脉络呈现出与汉民族及中原文明相互碰撞、学习、融合及共同发展的态势。内蒙古地处祖国北疆，千百年来内蒙古的游牧民族在中国乃至世界历史上书写出雄浑壮阔的史诗，对中国及世界历史产生了深远的影响，其独特的民族历史文化是祖国悠久历史和灿烂文化的重要组成部分。立足区情、立足民族特色，弘扬优秀民族历史文化，维护民族团结，引领社会风尚，是内蒙古博物院志愿者工作之要义。基于对内蒙古自治区历史发展的认识，以及博物馆为社会及其发展服务的使命，内蒙古博物院志愿者工作的目标得以确立——打造具有民族特色的志愿服务平台。

2. 突出优势，整合活动，打造服务品牌

内蒙古博物院力求认识自身优势，明确工作使命，注重创新志愿服务的理念，创新工作方法，发挥地区优势，在志愿服务中体现地域文化和民族特色，打造符合民族地区特点的系列志愿服务品牌。

随着志愿工作的深入，内蒙古博物院的志愿者工作理念也在不断地完善、提升和与时俱进。从单纯注重馆内服务，发展为今天的馆内、馆外服务两手抓。2017年3月5日"学雷锋日"，内蒙古博物院将历年开展的志愿者活动进行整合、完善和升级，启动了"博物弘文，守望相助"志愿者系列活动。系列活动分为馆内、馆外、网络三部分，形成五大系列内容，包括"带着博物馆去看你""内博志愿宣讲团""博物院里的活色生香""志愿者说文物"以及线上的"e志愿，e服务"五大系列活动。五大系列活动的确立使内蒙古博物院的志愿服务内容更加丰富，多元手段扩大了服务领域，为今后志愿者活动品牌化奠定了坚实的基础。五大系列活动也极大地调动了志愿者的积极性，他们根据自身优势，在自己擅长的主题活动中发挥更大的作用。志愿者服务不再局限于讲解和服务两项内容，志愿者在参与不同的主题活动的过程中，自身能力和服务水平也得到提高。

如儿童节开展的"博物院里的活色生香"之"闪志愿——志愿者快闪活动"，以内蒙古古生物与现生动物的卡通形象为素材，制作"快闪"主题贴纸，进行博物院里的"快闪"活动，为来自五湖四海的游客送去了惊喜和欢乐。这也是全国第一次由志愿者在博物馆中开展的"快闪"活动，引发了观众浓厚的兴致，展示了志愿者良好的精神风貌。又如父亲节开展的主题活动"带着博物馆去看你"之"父爱如茶"，力图突破以往传统巡展形式，把民族文化以生活实态带入安养院，把醇香的奶茶、蓝色的哈达与真挚的祝福带到老人身边。活动传递民族情感，弘扬蒙古族传统文化，使民俗活动与奉献爱心紧密结合，拓宽了博物馆志愿者的服务领域，增强了志愿者的社会责任感，收到了很好的社会效益。

志愿者还跟随流动数字博物馆进社区、作宣传、参与教育活动，无论节假日还是"国际博物馆日"或"中国文化和自然遗产日"，志愿者都是博物馆教育活动的有力协助者，"蒙古蓝"成为了内蒙古博物院一道亮丽的风景线，他们在各个岗位忙碌工作的身影也吸引了更多的人加入志愿者行列。

"博物弘文，守望相助"五大系列活动通过志愿者工作让博物馆的文物活起来，让博物馆的气氛热起来，让博物馆的人气旺起来，拉近了博物馆和观众

的距离，增强了观众对博物馆的亲切感，使博物馆的社会教育职能外延不断扩大，从而实现传播文化、弘扬道德和激发正能量的目的。

经过 10 年的不懈努力，内蒙古博物院志愿者工作取得了一些成绩，得到了观众的赞许及业内的认可，在已开展 8 届的"牵手历史——中国博物馆十佳志愿者之星"评选活动中，内蒙古博物院的志愿者两次获得提名奖，并先后在首届、第三届、第五届和第七届评选活动中荣获"十佳志愿者之星"荣誉称号。

随着社会的发展，国家对社会文明风尚不断进行引导，志愿服务意识在国内也越来越被人们所重视。2016 年 12 月，中宣部、文明办、教育部、民政部、文化部、国家文物局和中国科协印发《关于公共文化设施开展学雷锋志愿服务的实施意见》，明确提出到 2020 年，基本建成公共文化设施志愿服务组织体系、志愿服务项目体系和志愿服务管理制度体系。中央文明办按照文化设施类型和地域分布遴选了 61 家公共文化设施开展学雷锋志愿服务首批示范单位。这样的举措使得群众参与文化志愿服务的机会越来越多，对于改进和提升志愿者工作具有很好的助推作用。首批示范单位中，包含 28 家博物馆，内蒙古博物院位列其中。

2017 年 3 月，内蒙古博物院社会教育部被中宣部评为"全国第三批学雷锋活动示范点"，这是文博系统唯一一家获得这一荣誉称号的集体，文化部部长雒树刚批示"要在文化文物系统广泛宣传"。3 月 22 日《中国文化报》第 1 版以《用爱心传播草原历史文化》为题对内蒙古博物院社会教育部学雷锋志愿服务事迹作了报道。3 月 31 日《中国文物报》第 1 版以《带着真爱去传播》为题对内蒙古博物院社会教育及志愿服务工作进行了深度报道。这些荣誉既是对内蒙古博物院志愿者工作的肯定，更是鞭策与激励。

志愿服务是现代社会文明进步的重要标志，是培育和践行社会主义核心价值观的重要内容。2017 年 9 月 6 日，国务院总理李克强签署国务院令，公布《志愿服务条例》，为今后中国志愿者工作的发展指明了方向。随着社会精神文明建设的深入开展，志愿者工作作为博物馆工作的重要组成部分，必将大有可为。作为民族地区博物馆，内蒙古博物院倍感责任重大。今后，内蒙古博物院将不断探索具有地区特点、民族特色和时代精神的志愿服务新模式，不断发展壮大志愿者队伍，不断完善志愿者工作机制，不断扩大志愿者服务领域，建构志愿者服务组织体系，引领社会新风尚。博物弘文，守望相助，为打造祖国北疆亮丽风景线作出应有的贡献！

志在文博，爱在我心
——陕西历史博物馆志愿者团队的发展与管理

陕西历史博物馆
步雁　刘娟

目前在我国，志愿者服务项目形式多样，种类繁多。在社会各领域、各行业的志愿者中，博物馆志愿者有特殊的地位和作用，他们已成为博物馆服务中不可或缺的一支重要力量，是博物馆与公众联系的桥梁和纽带，是博物馆服务队伍的补充和延伸，是博物馆的重要组成部分，是一个城市乃至国家文明程度的重要标志。

我国博物馆志愿者工作起步较晚，源于 20 世纪 90 年代，那时一批具有奉献精神的人开始投身社会公益文化事业。2009 年 12 月，中国博物馆协会志愿者专业委员会成立。截至目前，专委会已有会员单位 115 家，注册志愿者人数超过 4 万人。

陕西历史博物馆志愿者工作在全国博物馆中是一项知名品牌，起步早，起点高，时间久，队伍大，影响范围广。1999年陕西历史博物馆开始招募志愿者，2002年率先在全国博物馆界实行志愿者注册签约制度，15年来，近7000名志愿者在博物馆义务服务，累计服务时长超过40万小时，受益人数超过400万。2016年陕西历史博物馆被评为国家公共文化设施开展学雷锋志愿服务首批61家示范单位之一，成为全省公共文化设施开展学雷锋志愿服务活动的领头羊、排头兵，责任重大、使命光荣。

一、与时俱进，蓬勃发展

陕西高校林立，拥有众多学生资源，他们专业性强、热情高、时间相对充裕，这些都是对博物馆有利的条件。世纪90年代，"志愿者"这个概念在社会上还没有像今天这样普及和深入人心，陕西历史博物馆主动出击，深入大学校园里招募志愿者，引起了强烈反响，学校、老师和学生都热情高涨并积极响应。可以说，陕西历史博物馆十多年来能够不断发展壮大志愿者队伍，最重要的因素是最初选择了与高校合作。近几年，合作学校逐年增多，学科范围逐渐扩大，学生数量日益庞大，在高校中起到了一种积极的导向和示范作用。如今能成为一名陕西历史博物馆的志愿者，已是众多大学生的光荣梦想和追求。

从2012年开始，陕西历史博物馆面向全社会招募志愿者，应征者络绎不绝，包括离退休人员、企事业单位人员，以及各行各业、各个年龄段的有识之士。社招志愿者的集中招募完善了志愿者队伍的建设，扩大了博物馆的影响力，为社会公众提供了服务他人、奉献社会的平台，促进了全社会形成积极向上的精神追求和健康文明的生活方式。

当今世界全球经济一体化，一个国家或一个个体都不能局限在固定的区域内发展。从2005年开始，陕西历史博物馆与美国环球志愿者协会（Cross Culture Solution，简称CCS）等国际志愿者机构及相关高校进行国际志愿者项目合作，十余年间共有百余名国际志愿者先后在博物馆志愿服务，开展了形式多样的英文讲座、交流会、传统文化教育推广、夏令营等活动。国际志愿者在博物馆志愿服务的同时，加深了对中国历史文化、对普通老百姓工作生活的了解，增强了他们对中国乃至中国文化的认同感，意义非同一般，这也成为陕西历史博物馆志愿服务区别于其他博物馆的特色和优势。整体来说，陕西历史博物馆志愿者队伍构架清晰、管理规范、训练有素、高效实干。

二、搭建平台，勇于探索

近年来，陕西历史博物馆的志愿者在为游客提供讲解服务之外，还参与咨询、安检、导览等多种服务，同时还开展观众调查、教育推广、流动博物馆和博物馆之夜演出等各种活动，如今还发展至将志愿者输送至博物馆行政及其他业务部门中。不同的工作使志愿者们锻炼了能力、展示了风采，有效地宣传了博物馆和志愿精神，传播了正能量。

志愿者深入博物馆工作中，从表面上看，解决了人力不足的困难，让公众得到更多服务。从深层次理解，这既有利于加强公众对博物馆的了解和支持，也有利于志愿者更好地发挥桥梁和纽带作用，从而为博物馆培养未来的、潜在的观众打下坚实的基础。最重要的是，志愿者工作因此由表及里地深入、由单一到多元地开展、由短暂到持久地推进，志愿者们的归属感因此大大增强。同时博物馆其他部门的工作人员也对志愿者的认识有了提升，能更积极促进志愿者工作的完善和发展。

三、打造品牌 长效发展

1. 志愿者注册签约活动

从 2002 年开始，陕西历史博物馆率先在全国文博界实行了年度志愿者注册签约活动，并一直坚持下来，成为知名品牌项目。每年 9-11 月进行新一年志愿者的选拔、培训、考核和注册工作，注册签约的有效期为一年。每年 11 月底，博物馆会举办隆重的注册签约仪式，来自各合作高校的领导、老师、博物馆的领导及志愿者们济济一堂。博物馆领导分别与各高校领导现场签订协议书，表彰优秀志愿者和团队，志愿者进行汇报讲解、才艺表演、宣誓活动等，这是一场吸纳新人、表彰先进、展示风采、总结交流的盛会。整个注册签约流程科学、规范、严谨、扎实、有效。

这项活动是陕西历史博物馆在长期工作中逐渐摸索出来的一套适合自身运作的模式，使得队伍规范化、管理制度化、工作科学化、服务常态化。这在全国文博界是首创、亮点、特色。

2. 学雷锋送温暖系列志愿服务活动

从 2013 年开始，每年陕西历史博物馆在 3 月 5 日会举办"志愿学雷锋，爱心送温暖"系列活动，并且将这项活动纳入共青团陕西省委的学雷锋志愿服务当中，先后开展了"邀请农民工子女走进博物馆""心手相牵，阳光助残——邀请聋哑学生走进博物馆""邀请基层学校师生走进博物馆"等公益活动。此类活动开阔了受益群体的眼界，志愿者在服务的同时也感受到奉献的快乐，增强了责任感和使命感，同时发挥了博物馆在推动社会文化和谐发展进程中的重要作用。

3. "流动博物馆"系列志愿服务活动

2012 年开始，陕西历史博物馆启动了"流动博物馆"志愿服务项目。6 年来，"陕历博流动博物馆"带着文物复仿制品、文物展板、互动体验项目、文艺演出、多媒体展示、文创纪念品及宣传品等走出博物馆，走进了省内外多所学校、企事业单位、社区和山区，向社会公众展示了历史文化的独特魅力，让藏在"深闺"的历史文物走出了藏馆，走进了普通老百姓的文化视野，满足了基层群众的文化诉求。"流动博物馆"每到一处，陕西历史博物馆都积极和当地博物馆联系，合作办活动，影响和推动了地县博物馆志愿服务事业的发展和进步。6 年来，"陕历博流动博物馆"行程近 6000 公里，活动足迹遍布省内外多个地区，共开展活动 25 场，600 多名志愿者参与其中，受众 2 万人。2015 年，"陕历博流动博物馆"志愿服务项目荣获第二届中国青年志愿服务项目大赛银奖，2016 年荣获"陕西省最佳志愿服务项目""西安市最佳志愿服务项目"称号。

4. "志愿行走，爱心起航"系列志愿服务活动

2016 年开始，陕西历史博物馆志愿者队伍专门为狄寨原儿童回归救助中心的孩子精心打造长期系列性历史文化教育活动。志愿者通过多媒体展示、讲座、互动游戏、体验项目等寓教于乐的方式向孩子们传授历史文化知识，并专门为孩子们设计、制作了纪念品。

5. 陕西省博物馆志愿者大赛

从 2012 年开始，陕西历史博物馆连续承办了全省博物馆志愿者大赛，这既是展示志愿者风采的机会，也是全省志愿者相互交流学习的平台，更是志愿

者磨砺提升自己的舞台。大家交流内心的感受，碰撞出志愿精神的火花，对博物馆的热爱和对历史文化的追求得到了充分的展示。

志愿服务项目的品牌化开展是当今志愿服务工作的发展趋势和积极导向，将活动做成项目，使志愿工作更规范、持续、健康地发展，这是未来我们要继续努力的方向。

四、整合资源，开拓创新

2016年3月4日，在共青团陕西省委、陕西省文物局的支持下，在陕西省青年志愿者协会监督指导下，陕西历史博物馆牵头成立了陕西青年文博志愿者联合会。陕西青年文博志愿者联合会是全国首家青年文博志愿者联合会。联合会包括陕西省博物馆、纪念馆、科技馆、高校博物馆及其他文化团体等107家文博单位和18所高校志愿服务队，共注册志愿者5323名。它的成立完善了文博志愿者服务组织体系和工作格局，推动了文博志愿服务事业可持续发展。

1. 举办志愿者系列专题讲座

陕西青年文博志愿者联合会定期举办面向文博志愿者的专题讲座，分别以历史文化和志愿精神为主题，特邀相关专家为志愿者讲述。系统学习能够使志愿者储备更多的历史文化知识、牢固树立服务意识，对今后更好地服务公众有着积极意义。

2. 举办年度志愿者工作培训班

各博物馆举办专业培训班早具规模，但针对志愿者工作的培训班几乎没有。联合会有责任、有义务来进行针对性培训，以解决各会员单位尤其是地市博物馆在工作中遇到的问题和困惑。连续两年的全省志愿者工作培训班使大家找到了针对博物馆志愿者管理、奖励激励机制、开展活动等方面问题的有效的解决途径，效果显著。

3. 走进地市开展活动

陕西青年文博志愿者联合会具有统筹、协调、引领全省12个地市博物馆志愿者工作开展的职能，因此赴地市交流活动必不可少。2017年联合会走进宝鸡、汉中等地进行交流活动，进一步强化各会员单位教育服务、志愿服务的针对性和实效性，加强基层会员单位之间的沟通和交流，分享工作经验，切实推进优秀历史文化进校园工作及博物馆志愿服务工作的开展。

4. 积极探索，强化宣传

为了提升志愿服务水平，扩大社会受众面，增强宣传效果，陕西历史博物馆志愿者队伍在 2016 年 5 月 17 日正式开通了官方微信公众号，陕西青年文博志愿者联合会在 2016 年 3 月开通了官方微博。通过新媒体及时发布志愿服务的最新动态和活动，更直接与公众沟通交流，接受反馈信息、了解公众需求。

五、创新机制，引领示范

博物馆志愿者工作是一项复杂的系统工程，涵盖了招募、培训、管理、激励、保障等多个方面，需要有一整套全面科学的管理体系。

志愿者队伍相对比较松散自由。陕西历史博物馆多年来不断探索如何把握好管理尺度，如何进行科学管理，如何让志愿者长期、稳定、有效地发挥各自力量。

首先，制定严格科学的规章制度。一份明确界定志愿者权利与义务的规章是志愿者管理的基础。注册签约使队伍能够稳定，一次注册有效时间为一年。一年之后的综合考评决定志愿者能否继续注册。

其次，建立合理有效的激励机制。志愿者不讲报酬，但并不意味着不讲回报。志愿者提供免费的服务，并不意味着他们不能享有相应的权利。在志愿者为博物馆付出劳动的同时，应该考虑给予他们精神上的满足和奖励，只有牢固树立以志愿者为本的理念，才能从根本上真正做好志愿者的管理工作，提升管理水平。注册签约仪式本身就是一个表彰优秀的盛会，这种高调的表彰、特殊的荣誉是每一位志愿者梦寐以求的，不是用金钱可以衡量的。组织优秀志愿者外出交流考察，与其他省博物馆的志愿者座谈学习，取长补短，也是一种积极导向。目前大学生就业问题越来越难，陕西历史博物馆为优秀志愿者提供就业推荐。由陕西历史博物馆这样具有专业实力的第三方出面推荐，对用人单位来说更有说服力。

最后，树立榜样。耄耋老人赵震寰是陕西历史博物馆志愿者中的名人。赵老坚持十多年在陕西史历物博馆无私奉献，深受好评。他是一面旗帜，是陕西历史博物馆唯一的终身志愿者，深深影响着一批又一批的志愿者。2009年全国讲解大赛中，陕西历史博物馆的志愿者荣获志愿者组讲解比赛一等奖；2009年至2011年，连续三年，陕西历史博物馆的志愿者都顺利荣获"中国博物馆十佳志愿者之星"称号。这些榜样是所有志愿者工作的动力和前进的方向。

六、发挥优势，共创未来

博物馆是开放的社会资源，与公众是互动的。随着时代的发展和社会的开放，志愿者来到博物馆中，我们要把志愿者作为重要资源来加以组织，要善待他们，反过来志愿者也会把自己的智慧全身心地贡献给博物馆。正如习近平总书记所强调：志愿服务对凝聚人心、增强群众主人翁精神具有十分重要的意义。当有人需要帮助时，大家搭把手、出份力，社会将变得更加美好。

面对未来，我们对今后的志愿者工作有以下设想：

1. 将博物馆志愿者工作纳入整个城市志愿者工作发展规划当中，完善全社会志愿服务体系，发挥优势，扩大宣传，壮大力量。

2. 联系馆内外、行业内外多方力量，策划活动，合力发展。

3. 制定博物馆志愿者工作指南和服务标准。

我们的目标是让博物馆走进大众，让更多的人走进博物馆从事志愿工作，在这里传承文明、服务公众、奉献爱心、回馈社会。

中国博物馆志愿者工作发展策略

湖北省博物馆
钱红

摘要：志愿者是社会文明进步的重要标志，体现着现代博物馆开放、包容的姿态，是博物馆吸引社会公众参与、促进自身发展从而更好地服务社会的重要途径。本文从中国博物馆志愿者工作的现状出发，分析其团队管理、建设、激励与保障机制等方面的成果和存在的问题，浅析中国博物馆志愿者工作的发展策略。

志愿服务大约起源于 19 世纪西方国家的宗教慈善服务，发展至今已有 100 多年的历史，受到社会各界的广泛关注，并吸引着社会公众的积极参与。1985 年 12 月 17 日，第四十届联合国大会通过决议，自 1986 年起，将每年的 12 月 5 日确定为"国际促进经济和社会发展志愿者日"（International Volunteer Day for Social and Economic Development），简称为"国际志愿者日"，其目的是敦促各国政府通过各种庆祝活动吸引越来越多的人以志愿者的身份服务社会。

世界各地的博物馆非常重视志愿服务工作，尤其在欧美发达国家，博物馆志愿服务体系已经非常成熟和完善。如美国，据不完全统计，像美国大都会艺术博物馆这样的大型博物馆的志愿者人数与正式员工数量的比例是 4 比 1。他们来自社会各界，有着各种背景和兴趣爱好，年龄也不尽相同。但是他们大多在经济上比较宽裕，拥有可自由支配的时间，对博物馆藏品有着浓厚的兴趣，善于学习新鲜事物，也善于与人沟通，具有亲和力和服务精神。可以说发达国家博物馆的工作处处都有志愿者的奉献。

一、博物馆志愿服务的意义

博物馆志愿服务工作的意义不言而喻，它既是社会文明进步的重要标志，也体现着现代博物馆开放、包容的姿态，更是博物馆吸引社会公众参与、促进自身发展、更好地服务社会的重要途径。

1. 社会文明进步的重要标志

博物馆志愿者是指在不为金钱或其他任何物质报酬的前提下，完全自主自愿为博物馆某一项工作或多项工作贡献个人的时间、精力以及技能和智慧的人群。[1] 他们秉承着"奉献，友爱，互助，进步"的志愿者精神，广泛服务于博物馆的导览讲解，图书资料的整理、翻译、归档，博物馆安防消防设备的维护，展览的陈列设计，物业的管理，展馆秩序的维护，各类教育活动的策划和实施等岗位。博物馆志愿者工作是为社会及其发展服务的，是社会文明进步的重要标志。

2. 彰显现代博物馆开放包容的姿态

现代博物馆以开放的姿态吸引公众参与。公众对博物馆的参与应该是多方位的，志愿者服务是其中重要的形式。志愿服务体现着博物馆关注公众需求、注重平等的意识，既能保障博物馆自身对文化遗产的诠释，有效地探索未来发展，同时也让公众表达自己的意见，因为他们也是博物馆存在与发展的主体，并非无关紧要的客体。[2]

3. 形成社会合力促进博物馆发展

成熟的博物馆志愿服务涉及为博物馆提供资金支持，以及与博物馆形成相互尊重、相互贡献智慧、相互受益的良好的合作伙伴关系，有利于形成社会合力促进博物馆发展，更大程度彰显博物馆在构建公共文化服务体系中的价值。

二、中国博物馆志愿服务工作的现状

中国博物馆志愿服务工作尽管起步稍晚，但是发展迅速。据"上海志愿者网"的信息，1996 年，上海博物馆在国内博物馆界较早地启动了志愿者工作。2002 年 3 月，中国国家博物馆率先通过大众媒体面向社会公开招聘"志愿讲解员"，社会反响强烈，先后有 2000 余人报名参与；接着，北京地区的其他博物馆也开始招募并开展志愿者讲解服务工作；随后全国各地开始了博物馆志愿者服务工作，通过整合全社会资源开放博物馆的社会服务职能。[3]经过 20 余年的发展，中国博物馆志愿服务工作形成了自身的特点。

1. 构建科学的志愿服务队伍

中国博物馆志愿者队伍构建科学，能满足不同年龄层次人群对志愿服务工作的需求。据不完全统计，各省级博物馆及大部分地级市博物馆都拥有一定数量的志愿者，常态人数一般在 300 人以上。他们来自社会的方方面面：既有中小学生，也有大学教授、某个领域的专家；既有工薪阶层，也有集团、私企老总；既有在职人员，也有退休人员。近年来，博物馆志愿者队伍不断扩充和发展，志愿者不仅可以在展厅为观众义务讲解导览，也参与博物馆为观众服务的多项工作，如承担咨询引导、观众研究、文化产品开发及销售等，而且成为博物馆对外开放、提供教育服务的实施者，他们走进大专院校、社区、部队、乡村举办讲座、流动展览，开展教育活动，深受欢迎。

以湖北省博物馆为例，志愿者队伍可分成三个年龄层次：（1）中小学生志愿者。约300人，年龄为8-17岁。将中小学生纳入志愿者队伍不仅是中国博物馆重视未成年人教育的重要举措，更是对志愿服务工作的有效探索和伟大贡献，不但可以培养孩子们对传统文化的兴趣、树立其美学意识、提升其综合素养，更重要的是可以培养孩子们乐于助人、回报社会的奉献意识，引导他们树立正确的人生观和价值观。中小学生志愿者不仅可以为同龄的人群讲解导览，而且可以引导观众、维护展馆秩序并能参与适宜的教育活动。（2）大学生志愿者。常态人数为200人左右，主要负责临时展览的讲解、教育活动的执行和协助等工作。例如，2017年初，为配合大型外展"文明之海——从古埃及到拜占庭的地中海文明"，湖北省博物馆专门从武汉大学、华中师范大学等高等院校招募了世界史专业的大学生做临展志愿者，这批年轻人有活力、专业知识强，对展览内容熟悉，在讲解或教育活动中更能满足观众的需求。（3）成人志愿者。每年在册人数约500人，主要承担观众研究、文创产品销售、常设展览讲解，以及社教活动策划、执行、协助及评估等多项工作，另外负责志愿者招募、培训、考核与管理等工作。

志愿者队伍的科学构建有利于公众更广泛、更深层次地了解博物馆、支持博物馆，是社会文明程度的衡量要素之一，也是博物馆实现与社会之间资源共享、优势互补和提升服务功能的有效途径。

2. 实现志愿服务自我管理模式

中国博物馆志愿者实现了自我管理模式。各馆成立了志愿者工作委员会，对志愿者进行科学管理。志愿者团队以工作时间分组，以小组为固定的单位，每组设组长成为全组核心，组长的职责是团结组员，贯彻博物馆志愿者工作委员会的决策，反映组员的建议和意见，协调各项志愿服务工作。这种志愿服务的组织管理架构有利于促进博物馆发展。

各地博物馆通过志愿者工作委员会制定相关制度，规范管理。早在2000年，上海博物馆就根据自身的实际情况并参照国外博物馆的通行做法，制定了《上海博物馆志愿工作者章程》和《上海博物馆志愿工作者章程细则》，并在实践中不断完善。随后，其他各地博物馆也相继制定志愿服务工作的管理体系，内容包括志愿服务的宗旨和范围、志愿者工作委员会组织架构、志愿者权利和义务的界定，以及志愿者招募标准、面试规则、培训内容、考核细则、上岗服务的督导等多方面。大型博物馆基本建立了志愿者激励机制，例如在年终评选优秀志愿者并予以表彰，继而搭建平台，让优秀志愿者跨省交流学习等，以这样的方式增强志愿者团队的凝聚力。深圳博物馆、河南博物院等馆还为志愿者购买了保险；湖北省博物馆志愿者享有与正式员工同样的免费停车、听演奏、购买文创产品优惠等权益。这些做法无疑让志愿者有了归属感。

3. 形成博物馆志愿服务的学术体系

中国博物馆志愿者队伍日渐体系化、学术化、规范化。2009年12月4日，"中国博物馆协会志愿者工作委员会成立大会暨2009年中国博物馆志愿者论坛"在宁波博物馆举行，探讨博物馆志愿服务发展大业。中国博物馆协会志愿者工作委员会的成立标志着中国博物馆志愿服务工作的规范性、学术性和科学性，它定期举办学术研讨会，引领中国博物馆以开放包容的全新姿态，对志愿服务形式进行创新，更好地融入社会、服务社会。

为了检阅、评估、总结中国博物馆志愿者队伍，表彰对中国博物馆事业作出突出贡献的志愿者，充分肯定中国博物馆志愿者的独特贡献，引导、激励志愿者为新世纪博物馆建设与发展继续作出贡献，经国家文物局同意，2009年9月，中国博物馆协会开展了"牵手历史——首届中国博物馆十佳志愿者之星"评选活动。评选活动得到国际博物馆协会和国际博物馆之友联盟两大国际性组织的高度重视。评选活动历时三个多月，从故宫博物院、中国国家博物馆等国家级博物馆到武汉、青岛等地市级博物馆纷纷推荐优秀志愿者参选。经专家组评审，最后故宫博物院推荐的陈文青、河南博物院推荐的郭桂兰、武汉博物馆推荐的王志军等荣获"首届中国博物馆十佳志愿者之星"称号，湖南省博物馆推荐的侯良、广西壮族自治区博物馆推荐的南宁市中山路北段小学志愿服务队等荣获"十佳志愿者之星"提名奖。在"牵手历史——首届中国博物馆十佳志愿者之星"颁奖晚会上，时任国家文物局副局长、中国博物馆协会理事长张柏高度评价了此次活动，他认为这项活动充分展示了博物馆的盎然生机和活力，为构建城市公共文化服务体系、弘扬地域历史文化发挥了积极的助推作用。之后，中国博物馆协会每年举办一届"牵手历史——中国博物馆十佳志愿者之星"的评选活动，引导博物馆与志愿者共同思考志愿服务工作发展策略。

三、中国博物馆志愿服务发展策略

中国博物馆志愿服务工作尽管起步较晚，但是发展迅速，并形成了自身的特点，同时也存在一些问题。如志愿者管理体系不太完善，其中保障机制尚需加强，尤其是未成年志愿者的权益如何保护的问题比较突出；志愿服务目前尚处于"贡献式"阶段，需向"共创式""主人翁式"的方向发展；博物馆志愿服务的手段和范围有待拓展。鉴于中国博物馆志愿服务的现状，建议从以下几个方面探索，促进中国博物馆志愿服务工作可持续发展。

1. 构建博物馆志愿服务评估体系

基于志愿服务的意义，博物馆应该构建志愿服务评估体系，让博物馆、志愿者、一般公众、新闻媒体等多元主体参与评估，将定量评估与定性评估相结合，客观地评估出结果，科学地指导博物馆志愿工作更好地为社会服务。

2. 完善博物馆志愿服务管理体系

志愿者工作委员会是志愿服务工作的最高管理机构。博物馆应充分发挥其作用，保障其行使决策和管理权，让志愿者的权和责真正统一，并完善志愿者管理制度，尤其是志愿者的激励机制、保障机制，如中小学生志愿者的合法权益等。逐步摸索出适合中国博物馆志愿服务工作的管理机制和运行手段，可以促使公众更好地参与博物馆。

3. 向"共创式"志愿服务转换

目前，中国博物馆志愿者队伍规模可观，人数较多，但是基本上以"奉献式"参与为主，志愿者所负责任很少。科学的志愿服务工作模式应该首先是博物馆与志愿者形成利益共同体，不断拓展博物馆志愿服务工作中新颖的项目，除讲解导览、教育活动开展、文创销售、观众研究外，如为某个项目提供资金支持、为博物馆提供信息技术支持。其次是拓展博物馆志愿服务的深度，让博物馆与志愿者相互尊重、相互受益，形成"共创式"志愿服务乃至"主人翁式"志愿服务模式。

四、结语

　　中国博物馆志愿服务工作需构建科学的评估体系，不断完善博物馆志愿服务管理体系，充分发挥志愿者工作委员会作为最高管理机构的作用，保障其行使决策和管理权，让志愿者的权和责真正统一，让博物馆与志愿者形成利益共同体，相互尊重、相互受益，让博物馆真正成为公众的一种生活方式。

参考文献：

〔1〕　　陈曾路：《博物馆里的"微革命"——"博物馆志愿者"的现状和未来》，《中国博物馆》2012 年第 3 期，页 12-19。

〔2〕　　宋新潮、安来顺：《变革世界中的博物馆：新挑战　新启示》，《中国博物馆》2012 年第 2 期，页 2-8。

〔3〕　　中国国家博物馆：《博物馆宣教服务岗位从业人员培训教程》，中国劳动社会保障出版社，2010 年。

博物馆志愿者绩效管理模式探究
——以吉林省博物院志愿者服务现状为例

吉林省博物院

钱进　刘梦娇

摘要： 伴随着博物馆事业的发展和社会各界文化需求的增加，博物馆逐渐担负起更多的社会功能，志愿者的服务是博物馆系统保持高效运行的有效保证，也是联系博物馆与观众的重要纽带。一个良性运行的博物馆需要有志愿者与志愿服务发挥"润滑剂"的作用。

一、博物馆志愿者

博物馆的定义、内涵伴随着社会文明的进步不断发生变化，但是不容忽视的是，博物馆志愿者的重要性正在逐步提升。博物馆是社会公益文化机构，志愿者的参与有重要意义。一方面，志愿者服务提升了博物馆的公众服务质量，让有限的工作人员发挥更大的作用，使更多观众受益；另一方面，对志愿者的管理和培训也折射出博物馆本身的精神、文化等，让更多的人了解博物馆，走进博物馆。

二、吉林省博物院志愿者现状

1. 志愿者类型
（1）总值班

开馆期间解答观众咨询，协调志愿服务各项事宜等。

（2）讲解服务

担负吉林省博物院基本陈列、专题陈列、临时展览等讲解工作。

（3）社会教育

策划、参加、维持社会教育活动，辅助讲解，帮助儿童安全完成活动。

（4）设计编辑

志愿者报刊、网络公众号的设计、编辑。

2. 招募条件

有爱心、有公德心，乐意为他人奉献，热爱历史文化，有一定的文博知识修养，有服务公众的热情，能吃苦耐劳，工作责任心强，能坚持服务并持之以恒；年龄在 18 岁至 65 岁之间，大专以上学历，长期在长春工作学习；有团队精神，合作意识强，服从团队的安排和调度，积极配合团队活动的开展，有志愿服务经历者优先考虑。

3. 志愿者管理

志愿者实习期要求的服务时长累计 8 小时，实习期志愿者在合格志愿服务满 8 小时后获得博物馆发放志愿者手册，成为吉林省博物院的正式志愿者。志愿者每年的志愿服务时长至少要达到 20 小时。每年注册一次，注册时间是 1

月 1 日至 3 月 31 日，在此时间内未注册者取消当年志愿者资格。公众可通过网站和微信公众平台进行报名、填写资料，面试合格后，参加吉林省博物院统一组织的志愿者岗前培训，完成培训并通过考核后，方可上岗为公众服务。

志愿者的招募和日常计时管理全部采用无纸化、网络化的形式，想要报名的志愿者扫二维码填写资料，工作人员在后台看到后进行回复，安排统一时间进行培训。培训过后在实习阶段，用扫码方式记录服务时间，后台统一填写计时，每月进行总结和公布，也将志愿者参与活动的合影发布出来，既激发了志愿者的积极性，也将志愿者服务时间公开，便于社会与舆论进行监督。

招募不同种类志愿者也是为了满足我院的多种服务需求，比如满足游客对讲解的需求。在我院搬迁至新馆后，讲解员数量不变，并且拓展社教活动也由讲解员担任主讲，那么讲解志愿者就可以在展厅内为观众提供讲解服务。我院对讲解志愿者的要求并不高，先是集体培训其站姿、手势等基本内容，再让他们自行寻找感兴趣的展厅，拿到讲解词后根据个人兴趣划分一部分展览内容，背诵讲解词并自行拓展相关内容，完成讲解词项目考核后，再由我院讲解员进行一对一培训。同时，我院志愿者的主力军为高校学生，学生们的热情、友善给观众带来深刻的印象，相应地，我院在志愿者培训时会强调志愿者的着装、打扮，不得穿奇装异服、染过浅或特殊的发色，长发的志愿者需要将头发扎起，不能穿过短的裤子或裙子，不能穿拖鞋、细高跟鞋等。这些志愿者也代表了博物馆的形象，穿上红色的志愿者服装后，他们良好的精神风貌也代表了当代大学生的特点，他们红色的身影就是博物馆内与公众联系最紧密的颜色。总值班的志愿者多为大学生志愿者当中的领队，负责人员调度、解答观众疑问等。目前编辑类的志愿者的工作还只停留在撰写活动心得、记录活动内容、与儿童互动等简单层面，并没有更深入的实践活动，这也与志愿者的流动性较大有一定关系。

我院现有的志愿者来源多为青年大学生，目前中国的青年志愿者活动是由共青团系统自上而下发起的，最早开始于深圳市的青年志愿者活动，随后迅速在全国共青团系统推广。到 1998 年 3 月底，全国共成立省级青年志愿者协会 31 个、地市级青年志愿者协会 738 个、青年志愿服务站 15018 个、志愿服务基地 21569 个，参加青年志愿者活动的人次高达 7240 万次。从中国青年志愿者活动的发展历程可以看出共青团系统在发起和推广青年志愿者活动中所起到的重要作用。事实上，很多高校开展的志愿活动也大多依托于团组织或学院内部组织。

4. 志愿者参与社会教育活动的现有模式及相关探究

社会教育活动是我院志愿者任务中主要的一项，目前我院开展的社教活动有每周一期的奇趣博览大课堂、节庆时的民俗体验等，以及进校园开展的传统文化创新教育项目，这些活动中的工作人员除了主讲人员，就是志愿者。一些准备环节、带入展厅的安全工作、后续手工环节都是由志愿者来实施的。如准备、摆放活动物品，以及在游戏环节帮助主讲老师维持现场秩序。由于缺少专门的活动场地，我院的社会教育活动基本集中在大厅中央进行，其他观众带着孩子来参观的观众希望自己的孩子也参与活动，会放任年龄较小的孩子跑到活动场地当中，不加以劝阻。志愿者会在讲授的环节站在活动参与者后侧，形成屏障，同时也用提示板等隔离开观众，维持现场秩序。在参观展厅时，有些展厅在楼上，儿童离开家长监护乘坐扶梯，由志愿者进行看护，提示儿童把好扶手，站稳踏板，不要打闹，年龄较小的儿童会安排志愿者一对一手拉手看护，让亲子活动中也有了社会公益意味。在进校园的活动中，例如我院开展的六项形成体系的活动，在讲课过程中的互动环节发放小奖励卡片、展示物品等由志愿者来完成。志愿者与学生年龄相近，天然具有优势，便于沟通。而且由于部分活动的手工环节相对繁琐，包括涂色、裁剪、拼贴、设计、装裱等，或者采用儿童平时较少接触的宣纸、陶罐、布料等材料，具有设计性，虽然大多数儿童都能够独立完成，但是有些儿童需要逐步指导，在现有人员配备不足的情况下，也是由志愿者承担了这项任务。在吉林省博物院现有的社教志愿者参与社教活动或我院其他主题活动的志愿服务时，我院对志愿者的提示是首先保障自身人身、财物安全，在活动时配合工作人员开展活动，并且保护好参加活动的儿童安全。如奇趣博览大课堂有时会用到剪刀等工具，在儿童使用时，志愿者应对儿童进行安全指导，而非替代其完成，同时更要注意自身的安全。并且志愿者应及时为求助的他人提供帮助，如他人询问自己不知道的事，应及时与工作人员联系，避免误导观众。

现有的社会教育活动由我院工作人员策划、实施，志愿者工作较为自由，同时技能性不强，可替代。在现有的模式下，主讲老师为课堂主导，志愿者起辅助作用。志愿者们虽然有热情，但是活动参与度不高，所做的多为搬抬桌椅、简单布置、帮助孩子们做手工等简单任务。志愿者也是成年人，这样的参与模式下，完成过于简单的任务，难以形成荣誉感和成就感。此外，志愿者多为学生，由于学业和年级上升，志愿者更替较快，最长服务将近三年，伴随着学生毕业、工作，刚刚熟悉工作岗位、能够独立完成任务的志愿者就流失了。反复培训新人也是资源的浪费。由于志愿者的工作完全是自愿的，博物馆不能作强制要求，如果能够激发起志愿者的价值实现欲，就能够让志愿者保持工作的热情和自觉性，专注岗位工作。如何让志愿者更加深入参与活动也是现有模式当中需要探索之处。

新的构想主要有以下两种：

一种是形成志愿者"团队"。现在的学生志愿者伴随着学校的学生会、青年公益组织等形成固定团队，但是组织性不强，同时有很大一部分志愿者是为了获得学校学分或完成社团任务而来作为志愿者服务，并非发自本心。而且在团队里通常只有负责组织、决策、联络、策划等工作的领导者能够获得较多的锻炼机会，他们在自身付出努力并得到收获后，也对志愿者工作抱有很大的热情。但是这样大型的团队并不是我们理想中的组织架构，也不是利于管理的组织模式，难以完成独立任务。新模式下，可以先形成以任务为导向的独立"团队"，让志愿者去独立完成任务，而不是听从布置。运用管理学的理论就是，当一个目标任务清晰、可行并且可操作时，其中的计划、组织、协调、领导等任务应该由志愿者来承担。如何让现有的较为松散的学生团队提升为能够独立完成任务的团队是新模式下需要解决的问题。

如我院与吉林艺术学院合作的"放飞童心"社会教育活动，活动全程由来自吉林艺术学院的志愿者负责，包括人员、物品等，我院负责提供场地、宣传、招募，在活动时派出一名讲解员参与，只讲解"百年老幌"一个展厅。活动中采用了新媒体的宣传方式——多平台同步直播，家长拿手机就可以看到孩子活动全程，也增加了活动的安全性。并且该活动不同于我院教师主导、讲解为主的社会教育模式，让孩子自主游览、自主完成学习任务，在两组活动当中相互竞争，用类似于寻宝的方式来一步一步完成任务，得到宝箱密码，最终获得宝箱的手工素材完成活动。大学生志愿者在参与活动时，由于自己完全负责，具有充分的主动性和自觉性。虽然也存在不足，例如志愿者的分配不够合理，部分志愿者没有履行自己的职责，导致其他志愿者在活动中较为忙碌，但是这项活动已经充分展现了大学生志愿者在策划方面的能力，他们可以独立完成相关任务。我院的社教活动可以尝试采用开放外包的形式，将任务分配给志愿者相关学校，让学生志愿者独立完成任务。博物馆引导志愿者积极主动地自我完善，增强其社会性和服务原则，发挥其应有作用。这次成功经验让我们也开始探究志愿者的参与模式，以及能否让志愿者更多、更好地参与社会教育活动。这是一次毕业生的毕业设计，同时全程有学校老师参与管理，过程较为顺畅。如果没有老师，只有志愿者本身呢？这种情况下，活动能否顺利进行、志愿者的参与度能否这么高都有待验证。

另外一种可以探究的模式是可以给予适当的激励，让志愿者内部形成自己的目标，并与博物馆想要达成的目标一致，让志愿者自发地完成相应工作。如请志愿者来担任主讲老师，有些志愿者经过长期听课、策划和试讲后可以完成这项任务。但是即使志愿者可以胜任，如果缺乏相关激励或没有与学校形成合作模式，就难以让志愿者们重视起来，完成质量也相对不高。而且，培训志愿者主持活动，可能还没有完成培训，就要面临志愿者毕业和流失的问题，为此我们招募了社会志愿者，但是社会志愿者的热情不高，参加活动次数极少。又如小小讲解员培训活动，虽然是培训讲解志愿者，但同时是为青少年普及讲解知识，也是一项社会教育活动。整个活动分为四次，长达一个月，在这一个月内，我们组建了家长群与家长进行互动联系，并提前告知整个培训后有考核，通过考核的小小讲解员可以聘为我院的小讲解员并颁发证书。这项活动激发起了小讲解员们的热情，在课后，也看到很多孩子围着老师问问题，或者请老师帮忙听一下自己讲得如何。经过两次理论课程和熟悉展厅后，第三次是实践课程，讲解老师挨个为小讲解员进行一对一指导，说出每个人存在的问题和改进方式，这样的培养模式快速有效地培养起了一批合格的小讲解员。这个活动很快结束了，但是小志愿者们的参与模式却一直留在我们的脑海内，这次活动十分成功，因为通过本次活动培养的小小讲解员水平比部分大学生志愿者讲解员水平要好一点。归结起来，应该是由于采用了激励模式，让家长和孩子对活动有热情、认真准备，因此最终得到令人满意的效果。

三、志愿者绩效管理

优质的社会教育活动离不开前期的策划、准备等相关工作，而志愿者参与活动取得更好的效果也离不开管理。每一次社会教育活动都不是一蹴而就，而是包含着很多人的付出与汗水，志愿者的辅助不可缺少。如何让博物馆志愿者在博物馆社会教育方面发挥更大的作用？相信这是每一个博物馆人都需要探究的问题。

公益项目的绩效管理可以借鉴管理学特别是工商管理领域的一些理论。在项目实施之前，通过项目绩效策划，可以预期项目进行中的长期和短期收效、产生的影响，以及作用收益等。并且绩效管理是一个信息流通、反馈的系统过程，其中的项目评估可以在任何节点上进行分析、发现问题。

如建立合理分工。在志愿者管理的传统模式下，对管理人员有一定的依赖性，而伴随着我院社教活动等多种志愿者服务项目的推进，管理人员应该逐渐从这些领域中撤出，在原本的管理模式的基础上逐步实行分离和脱钩，使志愿者成为完全独立的组织。在公共服务领域，管理应该是平等的合作，博物馆设定自己的目标，将提供公共服务的任务委托给志愿者组织来执行，博物馆和志愿者组织之间存在着互相合作的关系，双方充分发挥各自优势。多个志愿者组织也在提供志愿服务的过程中和博物馆形成一种竞争态势，这样才有利于促进博物馆公共服务水平的提高。博物馆应对志愿者组织予以充分的权限和支持，在可以靠自治的方式完成的事情上，尽量发挥志愿者组织的作用，而博物馆只履行其他志愿者无法完成的职能，在宏观或全局的关键事件中承担更多的责任，将微观的管理更多地交给社会志愿者组织完成。

在未来的志愿者服务当中，吉林省博物院也会继续发展新的模式，为公众提供优质的服务，从而体现博物馆作为公共文化服务机构的公益性、均等性和便民性等，履行博物馆的职能。

对博物馆国际志愿者工作的思考

——以秦始皇帝陵博物院为例

秦始皇帝陵博物院

马灵芝　董勇英

摘要： 在全球化的社会大背景下，博物馆国际志愿者崭露头角，为博物馆的国际化发展及中华文化的传播发挥着不可估量的作用。本文以秦始皇帝陵博物院国际志愿者工作为例，论述国际志愿者提高中国文化国际传播力的作用，同时提出，开展国际志愿者工作是博物馆自身发展的需要，并对今后的博物馆国际志愿者工作进行探索与思考。

当前，随着我国博物馆事业的快速发展，越来越多的博物馆把志愿者纳入专业人才队伍建设中。2009 年，中国博物馆协会志愿者专业委员会成立，对博物馆志愿者工作的快速、良性发展起到了推动作用，促使博物馆的志愿者工作逐渐制度化与规范化。

博物馆志愿者根据国籍可分为国内志愿者和国际志愿者，国内志愿者工作经过多年的发展已经相对成熟，国际志愿者工作还处于起步阶段。据笔者所了解的情况及相关资料显示，目前开展国际志愿者工作的主要有首都博物馆、上海博物馆、宁波博物馆、内蒙古博物院、南京市博物馆、陕西历史博物馆和秦始皇帝陵博物院等。笔者结合秦陵博物院的国际志愿者工作，着重对我国博物馆国际志愿者工作的开展情况进行总结梳理。

一、开展国际志愿者工作有助于提高中国文化的传播力

在现代化、全球化、信息化的大背景下，传播力决定影响力，影响力造就软实力。一个国家的文化软实力体现在文化核心价值观对受众的吸引力上。文化传播和交流是要通过情感、思想、心灵之间的交流，让各国民众相互了解、理解、尊重、产生好感和认同感，乃至欣赏对方文化的核心价值。

博物馆作为传播知识和文化的重要载体，在弘扬传统文化方面肩负着重任。除了通过展品陈列、专业讲解、互动交流、专家讲座等多种常规的宣传手段外，博物馆国际志愿者工作对提高中国文化在世界上的传播力和影响力具有重要作用。

2010 年 9 月起，一名美国志愿者在甘肃省博物馆不仅接待了大量的外宾，而且还用汉语为国内观众提供讲解。2012 年初，南京市博物馆与国际学生组织 AIESEC 合作展开"海外志愿者体验计划"活动，为外国大学生提供跨国实习机会，吸引他们来到博物馆实习工作，亲身感受南京的历史文化和博物馆相关情况。这些国际志愿者与南京市博物馆的工作人员交朋友，并服务于博物馆，回国后传播博物馆文化，让更多的外国人了解中国文化。

从 2005 年至 2017 年，先后有 30 多名来自英国、美国、加拿大等不同国家的志愿者在秦始皇帝陵博物院工作并取得了良好的志愿服务效果。这些国际志愿者的年龄为 20-70 岁，其专业有财经、历史、艺术、生物、地理、商务、语言文学、旅游、人类学及佛教等，职业有外交人员、教师、考古学家、遗产

管理人、律师、项目及市场经理、行业顾问、空乘人员、收银员、学生等。他们都对中国文化，特别是兵马俑情有独钟，均以热情积极的工作态度投身志愿者服务工作。这些来自不同国家、不同行业的国际志愿者纷纷表示，通过在秦陵博物院的志愿服务工作，他们加深了对中国优秀传统文化的理解与认知。当他们返回各自的国家后，一定会将这一段完全不同于传统旅游的深度体验式经历与家人和朋友进行分享。国际志愿者工作不仅为传统文化的宣传和传承开拓了更为广阔的空间，同时也为国际友人学习中国文化及展现自我价值提供了良好的平台。

美国国家人文基金会主席利奇建议中国大力推动民间对外交往。他认为，政府的作用在于制定规则，人民之间的直接交往才最具有实质意义。推广当代文化要善用策略与资源，借助强大的民间力量，巩固和扩大文化发展的基础。在博物馆开展国际志愿者工作正是这种民间力量的具体实践。

二、开展国际志愿者工作是博物馆自身发展的需要

1. 秦始皇帝陵博物院国际志愿者工作的缘起

西安作为中国十三朝的历史古都，其国际关注度不断提升。秦始皇帝陵博物院（前身是秦始皇兵马俑博物馆）驰名中外，在我国博物馆行业中具有特殊的重要地位，每年接待观众量600余万，其中外宾参观人数达50万以上，从1979年开馆以来，累计接待外国元首200多位，这种大量高规格的外事接待和外语翻译任务对秦始皇帝陵博物院接待工作人员的外语水平及跨文化交际能力提出了更高的要求。秦始皇帝陵博物院从自身的工作特点及需求出发，为善用秦始皇帝陵博物院深厚的历史文化资源、提升社教人员的外语讲解水平及外事服务质量，经陕西省文物局批准，在2005年与英国志愿者组织I-TO-I达成合作意向，在秦始皇帝陵博物院开展国际志愿者工作。I-TO-I是国际上最有影响力的国际志愿者组织之一，创建于1994年，国际志愿服务项目包括教育、旅游、博物馆和艺术陈列馆、动植物保护、社区建设、建筑和卫生健康等。

2. 秦始皇帝陵博物院国际志愿者工作的管理流程

目前，国际志愿者主要通过社会文化机构申请报名秦始皇帝陵博物院志愿者工作。该机构对申请者的个人信息资料进行严格筛查，确定申请者的个人信

息符合国际志愿者工作的规范要求后，再由秦始皇帝陵博物院进一步审查，之后向通过审查的志愿者发出秦始皇帝陵博物院的接收函并进一步明确工作计划及相关细节。根据志愿者的申请需求、专业特长及秦始皇帝陵博物院的实际工作情况，社教部提前制订出国际志愿者的工作计划。

国际志愿者在秦始皇帝陵博物院工作期间，社教部指派辅导老师对其日常工作进行协调与管理。国际志愿者在博物院工作时长通常为一个月，周一至周五正常工作，周末双休，每日工作时间为上午9时至下午5时。近两年的国际志愿者以加拿大多伦多大学的学生为主，该校的学生是以实习生的身份进行志愿者服务工作。加拿大多伦多大学对外派实习生的工作有一套比较完整的监管和跟进程序。实习期间，秦始皇帝陵博物院的辅导老师对实习生的工作进行评估并定期通过电子邮件向学校提交反馈意见，而实习生本人每周需写一篇工作总结上交学校，以便学校动态地掌握实习生在秦始皇帝陵博物院的工作情况。

3. 秦始皇帝陵博物院国际志愿者的工作内容

（1）培训社教部英语讲解员

帮助秦始皇帝陵博物院英语讲解员提高英语水平是国际志愿者在社教部的重要工作之一。每名志愿者在工作期间，社教部会专门安排两名讲解员协助志愿者的工作和生活，这样讲解员会有更多的机会与志愿者交流学习。有了这样的学习环境，社教部讲解员普遍反映英语听说水平明显提高，掌握了外语讲解的技巧，加深了对西方文化的了解，自身的跨文化交际能力也随之增强。

（2）参与博物院的资料翻译及英语服务工作

在博物院工作期间，国际志愿者为社教部和博物院其他部门做了大量的翻译工作，对社教部编写的《秦始皇帝陵博物院英文讲解词》《秦始皇帝陵博物院简介》《日常咨询用语》等资料从词汇、语法以及西方人的阅读习惯等方面进行多次修改，使之完善。同时，国际志愿者还融入了社教部的日常工作，如咨询导览、观众调查、整理资料等。

（3）主持英语讲座及参与英语沙龙活动

为了更好地提高讲解员的英语听说能力，并使国际志愿者能够充分了解中国历史文化及当地的风土人情，社教部定期举办英语讲座及英语沙龙活动。先后有20名国际志愿者做了《英国皇家艺术博物馆》《英国早、中、晚饮食习惯》

《西方婚礼习俗》《英国教育体制》《美国节日》等30余场讲座。社教部的讲解员通过英语沙龙的形式为国际志愿者讲解了中国传统节日、陕西民俗、陕西旅游景点、陕西民间艺术、临潼简史等地方传统文化知识。参与讲座和沙龙的除了社教部的工作人员，还有来自西安高校的大学生志愿者，活动现场气氛活跃，大家普遍反映无论在语言能力方面还是在了解外国历史文化方面都受益匪浅。

（4）参加院内外其他活动

不少国际志愿者在博物馆服务工作时，完全融入工作队伍中，例如在博物院举办运动会期间代表社教部参加拔河比赛项目、到票务科协助工作人员检票、参加在博物院举办的"爱鸟日"及"518国际博物馆日"活动、暑假期间义务辅导博物院大中小学生子弟学习英语。有些志愿者喜欢足球，同西安科技大学的学生举行足球赛，并参观西安工程大学校园，这些活动加深了志愿者对中国大学校园的了解及中外大学生之间的友谊。

国际志愿者在秦始皇帝陵博物院社教部志愿服务期间，工作积极认真，高效率完成了各项工作任务。他们执着的敬业精神和甘于奉献的志愿服务精神深深地影响着每一位员工。除了完成日常安排的工作之外，国际志愿者还在如何创新博物院的教育理念、加强同国际博物馆间的交流与合作以及推进国际志愿者工作方面为我们提出了好的建议与新的思路。秦始皇帝陵博物院国际志愿者工作不仅拓宽了秦始皇帝陵博物院的社会教育工作覆盖面，还对秦始皇帝陵博物院的社会教育工作起到了一定的宣传作用，提升了秦文化的国际影响力。

三、对博物馆国际志愿者工作的思考

笔者认为，中国博物馆国际志愿者工作虽然在为数不多的博物馆已经开展多年并取得了一定的发展与进步，但是，要持续开展此项工作并将其常态化，我们还需要根据各自的馆情做好充分的准备工作。具体可对以下几方面予以关注和完善：

1. 完善国际志愿者管理体系，保证工作服务质量

随着博物馆公众参与度的不断提高，国际志愿者组织与博物馆的合作机遇将进一步增多。因此，博物馆应设计完善的博物馆志愿者管理体系，建立合理的志愿者服务工作流程，细化国际志愿者管理办法，使国际志愿者服务工作得

到规范化、常态化管理。例如，国际志愿者工作必须有专人负责，负责人需具备一定的外语能力及较强的工作责任心。负责人要分析部门需要，拟定国际志愿者的岗位描述，包括职位、工作地点、主要职责、素质要求、工作日程、可提供的培训以及申请流程。

2. 主动开展招募工作，实现博物馆志愿者的全球化发展

为了实现国际志愿者的全球化发展，首先，我们需要拓宽国际志愿者招募渠道，除了继续加强与社会文化机构的合作外，还应完善博物馆自身的服务平台，实现博物馆国际志愿者宣传、招募的数字化与国际化。就秦始皇帝陵博物院而言，完善博物院的英文网站是目前比较重要的一项工作，招募信息可发布在秦始皇帝陵博物院官方网站、与兵马俑有合作的海外机构，以及海外的志愿者网站，例如 Volunteermatch.org, allforgood.org, idealist.org 等。其次，鉴于从国外直接招募志愿者的程序较为复杂，招募对象可以考虑在本地区长期工作或定居的外国人士。最后，鼓励现有国际志愿者把志愿服务体验在社交媒体上发布，吸纳更多的国际友人加入博物馆志愿者队伍。

3. 拓宽国际志愿者的服务项目，进一步丰富工作内容

除了在博物馆社教部工作外，今后在条件允许的情况下，我们还将拓展专业人才的志愿者服务项目，为国际志愿者提供更多诸如考古发掘、文物保护、展览设计等不同类型的服务岗位，充分发挥国际志愿者的个人潜力。

4. 积极响应中国博协志愿者专委会推广的"志愿者万里行"活动

"志愿者万里行"活动是志愿者专委会推广的一项重要活动，适应了当下各馆之间日益活跃的志愿者工作交流，该活动已得到广泛的响应。在今后的国际志愿者工作中，我们可以将国际志愿者的学习工作同"志愿者万里行"活动相结合。鉴于国际志愿者工作暂处于起步阶段，我们可以先考虑让国际志愿者在本地周边的博物馆考察学习，充分了解当地的历史文化，加强与其他博物馆志愿者的交流。

5. 表彰国际志愿者，制定相应的优惠政策

随着国际志愿者工作的不断深入，我们在努力细化和强化国际志愿者工作的同时，评选出优秀国际志愿者，鼓励更多的国际志愿者做好志愿服务工作。

为了能留住国际志愿者，我们制定了国际志愿者福利制度，如免门票、免费停车、纪念品折扣等。

根据秦始皇帝陵博物院的国际志愿者管理经验，笔者认为，应该在实践摸索中总结经验，不断完善国际志愿者工作，为国际志愿者提供更好的学习中国文化和锻炼自我的平台，充分发挥志愿者的潜能，为博物馆各方面工作建立更加优良的国际支援渠道。

参考文献：

〔1〕　李舫：《外国学者眼中的中国文化》，《人民日报》2011 年 10 月 14 日，第 17 版。

〔2〕　王锐：《秦兵马俑博物馆与国际志愿者组织合作的回顾与思考》，《中国文物报》2006 年 5 月 12 日，第 7 版。

〔3〕　刘小云：《探索博物馆志愿者国际化、专业化、社会化服务新模式》，《致力于社会和谐的江苏博物馆事业——江苏省博物馆学会 2012 学术年会论文集》，文物出版社，2013 年。

〔4〕　王裕昌：《西部地区博物馆志愿者工作的发展方向及体会——以甘肃省博物馆的志愿者实践活动为例》，《发展》2011 年第 4 期。

〔5〕　何宏、农茜主编：《秦始皇帝陵博物院志愿者工作文集》，陕西人民出版社，2017 年。

〔6〕　杨荣彬：《对我国博物馆志愿者制度建设的思考》，《中国文物报》2011 年 10 月 26 日，第 3 版。

制度和创新
——文化志愿者团队的自我运作和智慧化管理

苏州博物馆

陆军

摘要：苏州博物馆志愿社自成立至今已经历经 10 年的发展，自我运作是苏博志愿社成长发展的核心模式，智慧化管理是苏博志愿社借助"互联网+"技术实现管理手段质变的最新探索。本文以苏州博物馆志愿社的运作和管理为例，探讨了在新的时代趋势下文化志愿者团队科学发展的途径。志愿者管理平台的开发和利用强化了志愿社的角色分配和管理机制，提高了管理效率，为中小型博物馆的志愿者管理提供了新的思路和模式。

一、文化志愿者团队的定义

随着经济的发展和社会的进步，各类志愿者组织如雨后春笋般蓬勃发展起来。根据联合国对志愿者的定义，志愿者是"自愿进行社会公共利益服务而不获取任何利益、金钱、名利的活动者"，具体指在不为任何物质报酬的情况下，能够主动承担社会责任而不获取报酬，奉献个人时间和行动的人。

在庞大的志愿者群体中，有一类特殊的志愿者，他们具有更强的专业性，强调公益文化艺术服务，主要的志愿服务场所是各类公共文化机构。他们被称作文化志愿者，而他们的组织被称作文化志愿者团队。

苏州博物馆志愿社就是这样一支文化志愿者团队，自2006成立至今已经走过10年的发展历程，先后有800多名志愿者参与团队建设，服务博物馆观众10万多个小时，将博物馆文化与艺术带给普通观众。同时，志愿社也积累了一批经验丰富的文化志愿者，他们也成为苏州市公共文化建设的义务讲解员和指导老师，对苏州市文化志愿者队伍的发展起到了积极作用，在业内形成了良好的口碑和美誉。

二、苏州博物馆志愿社的制度建设

1.《苏州博物馆志愿社章程》和《苏州博物馆志愿者服务管理细则》

苏州博物馆志愿社成立伊始，就十分重视志愿者队伍的制度建设。2006年12月，苏州博物馆招募第一批志愿者。2007年3月，第一批志愿者正式上岗服务。当时，负责志愿者工作的开放部同仁借鉴国内外先进的志愿者组织管理经验，推动志愿者成立自我运作的机构，建设自我运作的制度。根据博物馆和志愿者的实际情况，2007年5月19日，苏州博物馆志愿社正式挂牌，同时结合馆方提名和志愿者民主推举，成立了志愿社第一届委员会，并很快修订发布了《苏州博物馆志愿社章程》（以下简称《章程》）和《苏州博物馆志愿者服务管理细则》（以下简称《细则》）两份基础规范文件。

《章程》定义了志愿社的性质、定位、管理模式和发展方向，赋予了委员会使整个志愿社自我运作的权力。《章程》明确规定了苏州博物馆志愿社的常设机构为志愿者工作委员会，简称委员会。委员经志愿者推选产生，两年改选一次，最多连任两届，保障了委员产生的公平性和持续性。同时还规定委员不得兼任其他公益团体主要负责人，最大限度地保障了委员对志愿社工作的执行力度。《章程》还规定了委员的职责、权利和义务，在制度的框架下赋予委员们领导志愿社开展工作的权力，也确保委员们在使用权力的时候受到制度的约束。《章程》最后规定了苏州博物馆志愿者的性质、素质模型、权利和义务，为志愿者的招募、培训和服务工作的开展订立了规范。

《细则》从更加细化的层面规范了志愿者的服务，志愿者通过《细则》了解到各岗位职责、服务规范及出勤要求，并按此在苏州博物馆提供规范化的志愿者服务。《细则》规定了苏州博物馆志愿者分为注册志愿者、见习志愿者和学生志愿者三种身份；规定了志愿社基础的服务岗位是总调度、调度、讲解、引导和社教，并详细说明了各个岗位的职责及要求；规定了志愿社分成平日组、周末组和社教组共计 13 个服务组；详细说明了苏州博物馆志愿社志愿者的申请、培训和考核流程，以及成为注册志愿者后的出勤、年检、评优、退出等机制。

2.《章程》和《细则》对于苏州博物馆志愿社发展的重要意义

《章程》和《细则》的快速制定和实施奠定了苏州博物馆志愿社自我运作的基础。苏州博物馆志愿社依据《章程》的规定，至 2017 年已经选举产生工作委员会 6 届。经过历届磨砺和思辨，委员会人数从最初的 7 人精简为 5 人。其中主任委员 1 人，负责委员会整体工作的部署与开展。其余 4 名委员分别负责志愿社的培训、学习、调度与文案工作。委员们既是志愿社的管理者，也是普通志愿者，更是为志愿者们服务的志愿者，他们是整个志愿社自我运作的灵魂，亦是承上启下的纽带。委员会上则作为志愿社的运作机构，负责《章程》《细则》等制度的修订和解释，与博物馆管理层在业务上进行对接，维系志愿社与博物馆之间和谐共存、相互促进的关系，建立和本市其他志愿服务组织的联系与合作，配合博物馆搭建志愿社与区级、市级、省级乃至国家级志愿服务平台的关系网络，参与平台建设，获取各类平台奖励资质；下则需要引导志愿社的发展，根据博物馆的发展需要，推动各项志愿服务工作的开展，并为普通志愿者的服务做好后勤保障工作，组织进行团队建设，开展丰富的学习和团队活动，提升团队凝聚力。

在《章程》和《细则》的指导下，苏州博物馆志愿社工作委员会自始至终保持了相对的独立性和公正性，依循严格的制度，实现自我运作和发展，使得苏州博物馆志愿社能够十年如一日地充满生机活力，成为苏州市文化志愿者的标杆队伍。

三、苏州博物馆志愿社对于团队智慧化管理的探索

1. 建设智慧化管理体系是团队发展的迫切需要

随着苏州博物馆业务的繁荣发展，志愿社的工作亦在稳步开展，取得的成绩和荣誉有目共睹。但是，随着团队规模的扩大和志愿服务内容的扩充，志愿社的管理难度也日益凸显。当苏州博物馆志愿者团队的人数规模超过 100 人，甚至接近 200 人的时候，志愿社的管理必须要创新，向科学化、数字化进步。志愿者日常的服务管理、新志愿者的招募流程管理、各类志愿者的出勤统计、注册志愿者的年审管理，如果采取原始的表单记录和分类管理模式，那么每个项目都需要投入大量的人力资源。以日常志愿者服务管理为例，苏州博物馆志愿社的日常服务主要为讲解、引导和社教，每名志愿者每次的服务都需要由所属服务组的调度进行协调，统筹安排好后在组内进行公布，确认无误后提交博物馆，由馆方将服务信息向公众公示。每位志愿者在服务时需要在纸质签到本上签到和签退，而每次记录需要由馆方工作人员进行验证核实。如采用这样的操作方式，每次服务都需要几个环节的反复确认，各环节涉及的每个人都承担了大量的工作，而且日积月累的签到纸张数量惊人，统计工作也较繁琐，容易出错，管理效率低下。

随着"互联网 +"思维的进一步形成和发展，如何利用现有网络技术开发合适的网络平台、实现苏州博物馆志愿社各项志愿服务的智慧化管理，逐渐成为博物馆管理层和志愿社委员们最为关注的课题。时至 2015 年，苏州博物馆开始建设智慧博物馆项目，其中智慧服务模块涉及观众管理系统，而志愿者是一个特殊群体，其管理模块的开发也被作为重点任务纳入苏州博物馆智慧管理的智慧服务功能中。为便于操作，重点利用智能移动终端，开发苏州博物馆 APP，实现志愿者线上智慧管理。经过 12 个月的开发测试和 6 个月的试运行，苏州博物馆志愿者智慧管理系统于 2016 年 5 月 18 日正式上线，投入应用。

2. 苏州博物馆志愿者智慧管理系统

苏州博物馆志愿者智慧管理系统分为系统后台管理和智能手机终端应用两个部分。系统后台管理整合在智慧博物馆平台中的数字化观众管理模块，主要由博物馆方面管理人员和志愿社委员使用，分为志愿者档案管理、志愿者分组管理、志愿者排班管理、志愿者勤务考核和志愿者信息发布五个功能模块（图 1）。

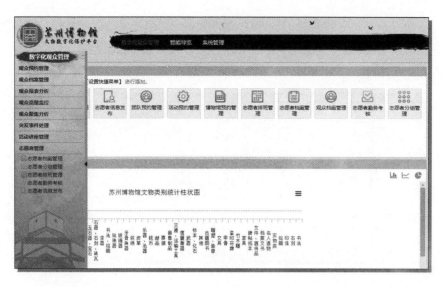

图　1

1.志愿者档案管理

在"志愿者档案管理"模块中（图2），可以看到目前所有注册的志愿者信息，这些信息也是志愿者作为博物馆普通注册观众的唯一信息。所以在某种程度上，志愿者是特殊身份的观众，每名志愿者在智慧博物馆系统中都以身份证号码和手机号码作为唯一标志，拥有唯一的认证ID。凭此身份，志愿者可以申请常规志愿服务，也可以报名参加博物馆的各项活动。

图　2

通过关键字检索（图3），可以查询到每一名志愿者的具体信息。后台管理员可以增加和删除志愿者档案，也可以查看和修改志愿者档案，对信息进行补充完善和修订。

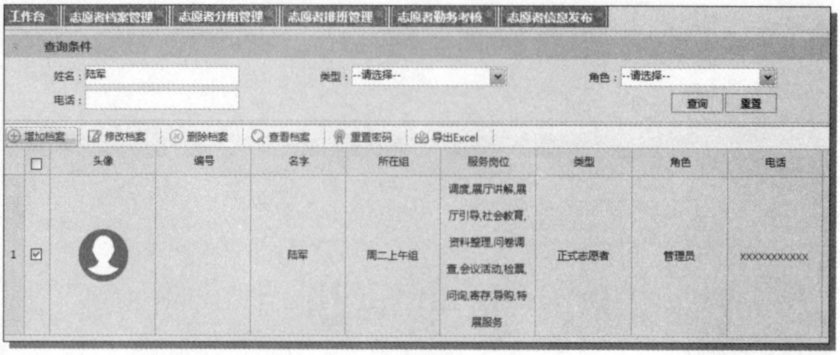

图 3

管理员通过修改志愿者档案功能（图4），还可以指定志愿者的分组和服务岗位，这些修订都会实时体现在志愿者使用的智能手机终端。

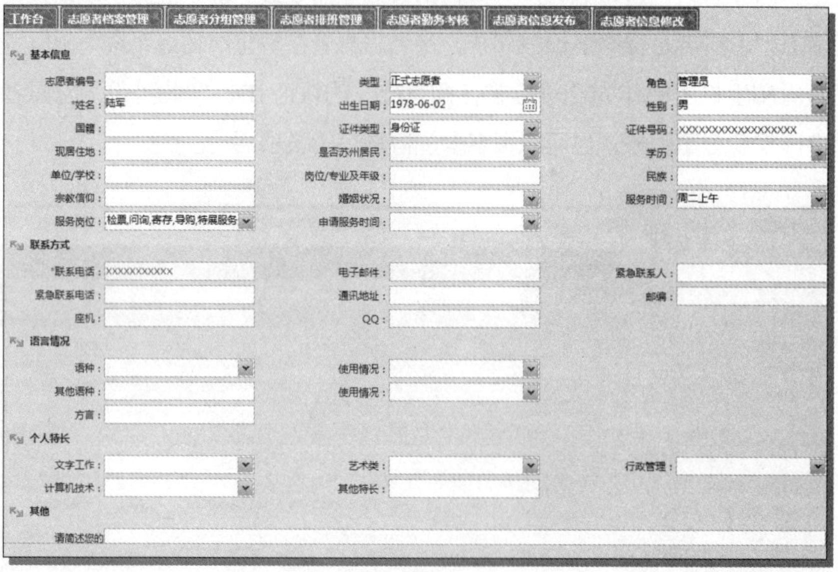

图 4

此外，该模块的另一个重要功能是对新志愿者的招募流程进行管理。新志愿者申请人通过苏州博物馆官方网站填写志愿者申请表（图5），提交表单后生成的数据将自动导入该模块，并统一标注身份为"申请人"。管理员可以根据新志愿者招募的进度将其修改为"落选""初选""面试""见习志愿者""注册志愿者"等不同的身份（图6）。

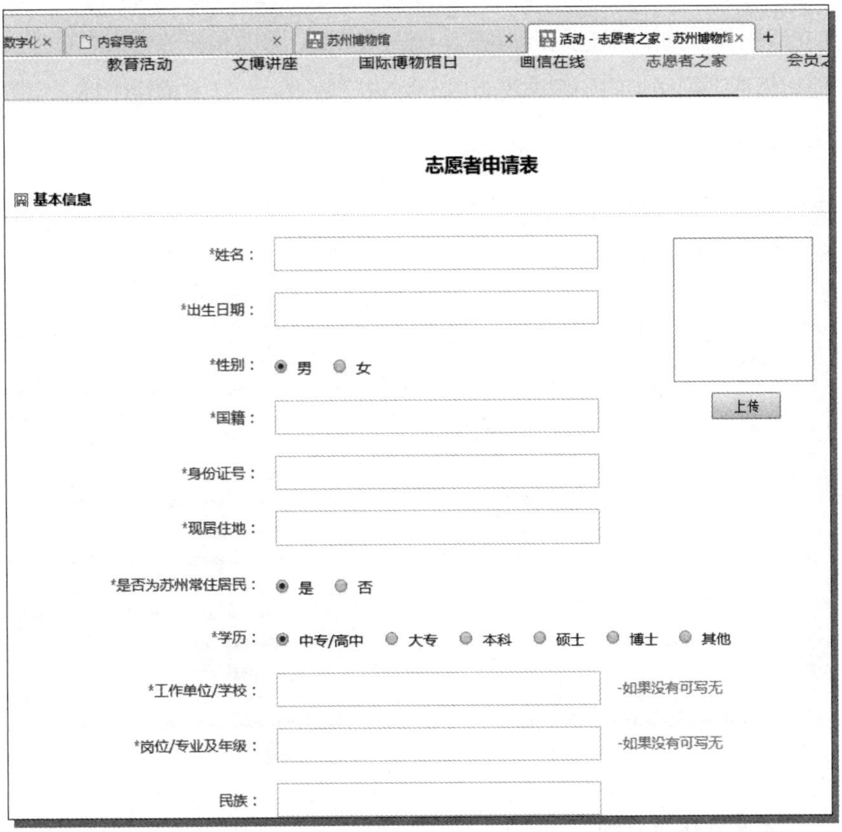

图　5

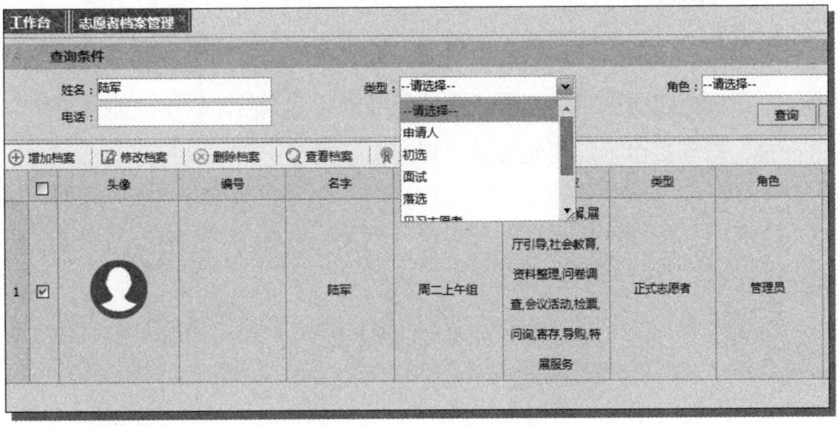

图　6

2. 志愿者分组管理

在"志愿者分组管理"模块中，可以看到整个志愿社所有志愿者的分组情况（图7）。目前苏州博物各志愿者有13个组，开放日每半天对应一个组，另加社教小组。管理员还可以根据实际情况增加、修改和删除分组。在"志愿者档案管理"模块中对任意志愿者的分组进行修改后，在本模块中都会实时发生相应变化。

图 7

3. 志愿者排班管理

"志愿者排班管理"模块（图8）是志愿者常规服务管理的核心模块。该模块下可以看到所有志愿者自主提交或者是管理员调度后提交的预约服务情况，包括引导、讲解、社教、特展服务、会议服务、资料整理等服务。如有特殊情况，管理员也可以协助志愿者取消已经预约的服务。对于一些异常状态的服务记录，管理员也可以在这里进行查询和修改。

工作台 | 志愿者档案管理 | 志愿者分组管理 | 志愿者排班管理

查询条件

排班时间： 至： 志愿者：
状态：正常 所在组：--请选择-- 是否签到：--请选择--
是否签退：--请选择-- 服务岗位：--请选择-- 查询 重置

增加排班 | 修改排班 | 撤销排班 | 删除排班

		排班时间	服务岗位	志愿者	所在组	签到	签退
1	☐	星期一 2017-11-06 15:15	展厅引导	庞问天	周三下午组	2016-11-06 15:06:00	2016-11-06 16:30:00
2	☐	星期日 2017-10-22 14:15	展厅讲解	高慧娴	周六下午组	2016-10-22 14:06:00	2016-10-22 15:30:00
3	☐	星期日 2017-09-10 09:00	调度	高蔼	周日上午组	未签到	未签退
4	☐	星期六 2017-09-09 14:45	展厅讲解	黄苏阳	周六下午组	未签到	未签退
5	☐	星期日 2017-09-03 13:00	展厅引导	沈俐	周日下午组	未签到	未签退
6	☐	星期日 2017-09-03 10:30	特展服务	高蔼	周日上午组	未签到	未签退
7	☐	星期日 2017-09-03 09:00	调度	高蔼	周日上午组	未签到	未签退
8	☐	星期六 2017-09-02 14:45	展厅讲解	黄苏阳	周六下午组	未签到	未签退
9	☐	星期日 2017-08-27 14:30	展厅讲解	华广超	周日下午组	未签到	未签退
10	☐	星期日 2017-08-27 14:00	特展服务	王年	周日下午组	未签到	未签退
11	☐	星期日 2017-08-27 13:00	展厅讲解	华广超	周日下午组	未签到	未签退
12	☐	星期日 2017-08-27 10:30	特展服务	高蔼	周日上午组	未签到	未签退
13	☐	星期日 2017-08-27 09:00	调度	高蔼	周日上午组	未签到	未签退

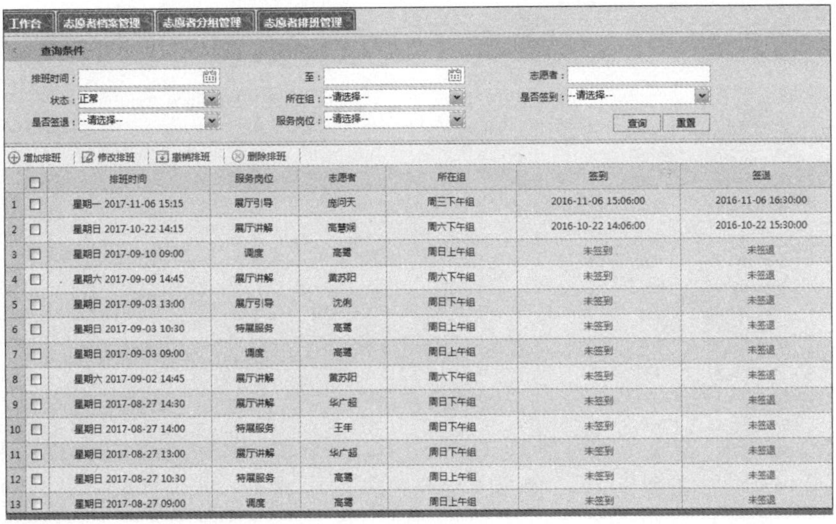

图 8

4. **志愿者勤务考核**

“志愿者勤务考核”模块是为志愿者工作委员会中主管服务考勤的委员量身定做的。通过该模块，可以非常方便地查询到每个志愿者分组、每个志愿者、每个服务岗位的出勤情况（图 9-10），节省了委员大量的工作时间，也不再需要纸质表单，实现了节能环保的目的。

工作台 | 志愿者档案管理 | 志愿者分组管理 | 志愿者排班管理 | 志愿者勤务考核

开始日期：2017-07-01 至：2017-07-31 统计 重置 导出

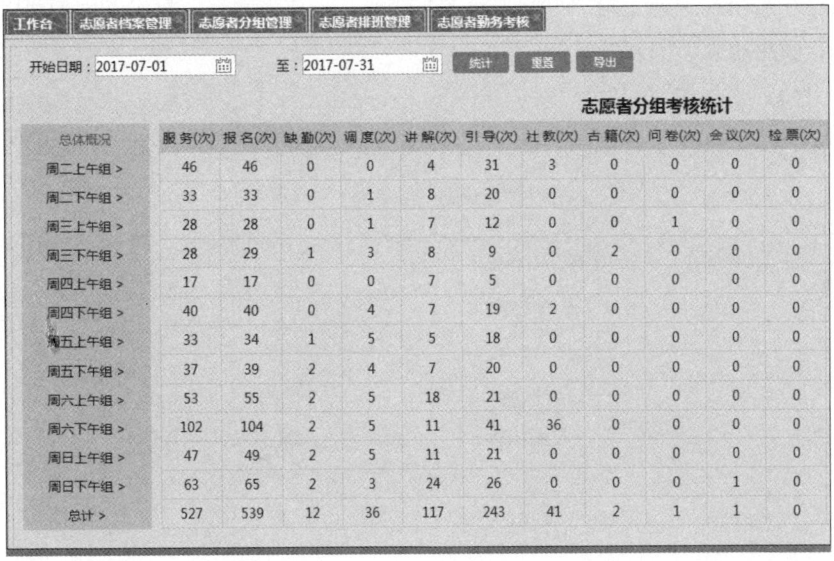

志愿者分组考核统计

总体概况	服务(次)	报名(次)	缺勤(次)	调度(次)	讲解(次)	引导(次)	社教(次)	古籍(次)	问卷(次)	会议(次)	检票(次)
周二上午组 >	46	46	0	0	4	31	3	0	0	0	0
周二下午组 >	33	33	0	1	8	20	0	0	0	0	0
周三上午组 >	28	28	0	1	7	12	0	0	1	0	0
周三下午组 >	28	29	1	3	8	9	0	2	0	0	0
周四上午组 >	17	17	0	0	7	5	0	0	0	0	0
周四下午组 >	40	40	0	4	7	19	2	0	0	0	0
周五上午组 >	33	34	1	5	5	18	0	0	0	0	0
周五下午组 >	37	39	2	4	7	20	0	0	0	0	0
周六上午组 >	53	55	2	5	18	21	0	0	0	0	0
周六下午组 >	102	104	2	5	11	41	36	0	0	0	0
周日上午组 >	47	49	2	5	11	21	0	0	0	0	0
周日下午组 >	63	65	2	3	24	26	0	0	0	1	0
总计 >	527	539	12	36	117	243	41	2	1	1	0

图 9

| 工作台 | 志愿者档案管理 | 志愿者分组管理 | 志愿者排班管理 | 志愿者勤务考核 |

开始日期：2017-07-01　　　至：2017-07-31　　　统计　重置　导出

周二上午组详细考核统计

总体概况		服务(次)	报名(次)	缺勤(次)	调度(次)	讲解(次)	引导(次)	社教(次)	古籍(次)	问卷(次)	会议(次)	检票(次)
周二上午组 >	黄晓岚	3	3	0	0	0	0	0	0	0	0	0
周二下午组 >	王珊	3	3	0	0	1	2	0	0	0	0	0
周三上午组 >	乔巍	8	8	0	0	0	0	3	0	0	0	0
周三下午组 >	魏永萍	3	3	0	0	2	1	0	0	0	0	0
周四上午组 >	卞清	2	2	0	0	0	2	0	0	0	0	0
周四下午组 >	蒋敏	12	12	0	0	0	12	0	0	0	0	0
周五上午组 >	刘璐	5	5	0	0	0	5	0	0	0	0	0
周五下午组 >	杨菁	3	3	0	0	1	2	0	0	0	0	0
周六上午组 >	陆军	0	0	0	0	0	0	0	0	0	0	0
周六下午组 >	海达测试	0	0	0	0	0	0	0	0	0	0	0
周日上午组 >	薛恨	4	4	0	0	0	4	0	0	0	0	0
周日下午组 >	张杰	3	3	0	0	0	3	0	0	0	0	0
总计 >	总计	46	46	0	0	4	31	3	0	0	0	0

图　　10

3. 苏州博物馆志愿者智能终端应用

志愿者智慧管理系统要实现其全部功能，不可缺少手机终端应用。这个应用就是"苏州博物馆 APP"，可以在苹果商店和安卓手机的各大应用商店免费下载，也可以通过在苏州博物馆官方网站扫描二维码的方式免费下载。

"苏州博物馆 APP"其实是一个面向所有博物馆观众的智能手机应用，只是在后台系统标注为"见习志愿者"或者"正式志愿者"身份的用户可以看到志愿者服务的内容。

图　　11

普通志愿者可以在"我的服务"中预约和查看自己的服务（图 11）。见习志愿者仅可预约"展厅引导"服务，而正式志愿者可依据自己的身份和特长，预约"展厅讲解""社会教育""资料整理""会议活动"等不同的服务（图 12-13）。志愿者调度（小组组长）则不仅可以预约自己的服务，还可以查看本小组内所有志愿者的服务情况。而志愿者总调度（委员会委员）则可以查看所有小组每日的服务情况，也可以帮助志愿者进行服务的调整和撤销，以及跨组服务的预约（图 14-15）。

图　12

图　13

图　14

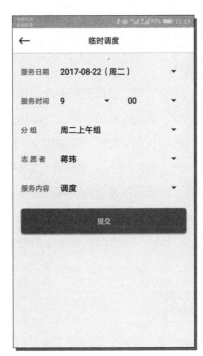

图　15

所有预约了服务的志愿者到馆之后，在服务开始前必须用手机 APP 进行签到，在服务结束后还必须用手机 APP 进行签退，才算是正常完成了一次服务。为了杜绝作弊行为，系统还要求志愿者在签到签退时，用 APP 调用手机摄像头现场拍摄有本人入镜的照片，并不允许调用手机内存照片，拍摄的照片会通过无线网络在系统后台生成副本，以便管理员验证。

志愿者智慧管理系统自投入使用以来，虽然也产生了一些不可预估的系统错误，但是在技术人员的支持下，始终是在不断地改进和完善。志愿者使用后的接受度也非常高，无论是委员会委员还是普通志愿者，都能够非常熟练有效地使用各自的系统功能，保证了各项服务工作的正常开展。

四、结语

苏州博物馆志愿社的发展历程足以说明，制度建设能够提升文化志愿者服务的专业性，只有在良好的制度约束和支持之下，才能真正做到专业，提升服务的实效性。制度建设还可以为文化志愿的服务提供衡量标准，只有在良好的制度约束下，了解观众需要什么，知道自己要通过什么形式去服务、怎样提高服务效果，才能打造服务精品，大力发展文化志愿者队伍。而只有坚持创新思维，才能保证志愿者队伍的新鲜活力和不竭动力，保证志愿者队伍时刻走在时代前列。

围绕制度建设和创新理念，积极建设志愿者工作委员会，充分发挥委员会的功能，使志愿社和博物馆之间达成了平等合作的伙伴关系。积极参与智慧博物馆建设，充分发挥"互联网+"技术的优势，使志愿社的运作迈入了智慧化管理的先进行列。苏州博物馆志愿社也因为一直有这种与时俱进、积极创新的思维，才能和苏州博物馆共同进步，这也是苏州博物馆志愿社创立至今一直在苏州市乃至全国文化志愿服务中处于第一方阵的最大法宝，制度和创新也将一直是苏州博物馆志愿社长期坚持的发展理念。

以「宣讲团」为平台，探索博物馆志愿服务社会化拓展的途径和方法

安徽博物院

徐康

摘要： 作为博物馆必要和重要的组成部分，社会志愿者有效地推动了博物馆社教工作的发展，在社会公众和博物馆之间架起了有效沟通的桥梁。但是随着志愿工作的不断发展，固定的服务时间和有限的服务空间制约了博物馆志愿服务的社会化。在新形势下，让志愿者走出博物馆、走入社会公众之间是十分必要的。本文以安徽博物院为例，对该馆建设志愿者宣讲团和开展志愿者走出去活动的工作进行分析，力求探索一条拓展博物馆志愿服务社会化的新途径。

一、博物馆志愿服务的发展与存在的不足

1. 博物馆志愿者发展

近年来，志愿服务在我国博物馆事业发展中的作用日益明显，博物馆志愿者团队建设不断完善，各地相关部门和博物馆也相继出台了志愿者队伍管理制度，确保博物馆志愿服务的健康有序发展。得益于志愿者热情、无私的奉献，博物馆的社会教育工作得以更好地进行，志愿者也逐渐成为博物馆与社会公众之间沟通的桥梁和纽带，甚至是博物馆对外宣传的一张名片。博物馆志愿工作受到了越来越多人的重视，社会影响力也不断增强。

现阶段博物馆志愿者主要从事博物馆内的常设展讲解、巡展导览、观众接待以及资料整理等工作。志愿者的义务讲解服务为观众们提供了历史、文化、社会、科学等多方面知识，消除了观众们在参观中因知识结构和欣赏水平的不足而形成的与展品之间的"观赏鸿沟"。志愿者积极接待来客，为观众提供了更体贴的人性化服务和更多的人文关怀，有利于博物馆营造温馨、有序的参观环境。这些都为博物馆发展注入了新的力量。

2. 博物馆志愿者发展的制约

志愿服务在有效地增强博物馆社教功能、使广大观众受惠的同时，也受到了很多制约，其中志愿者参与最为广泛的义务讲解工作受到的制约尤其多。第一，在义务讲解时，由于观众的年龄段、知识层次、接受能力和兴趣点不同，志愿者往往会顾此失彼，无法照顾到方方面面；第二，博物馆展览的内容较多，而观众参观时间有限，志愿者固定的服务时间和有限的服务空间很难满足观众日益增长的社会文化需求；第三，志愿者队伍中，各志愿者的能力和水平存在差异，业务素质也不尽相同，难以满足所有层次的观众的需求。用一句话概括，就是博物馆志愿服务社会化程度低，志愿服务影响力有限，志愿者文化输出遇到瓶颈。种种矛盾的出现要求我们在志愿工作开展的途径与方式上实现新突破。

二、博物馆志愿工作社会化途径的探索

我国志愿者工作同西方国家相比，起步较晚，博物馆志愿者工作更是如此，有关博物馆志愿者工作如何开展的探索一直在进行。随着近年来志愿精神在社

会的广泛传播，越来越多的人加入志愿者团队，博物馆志愿者队伍在这样的社会形势下，经历了从无到有、从弱到强的发展趋势，被社会大众接受并喜欢。随着社会的不断发展，博物馆志愿者队伍的建设也面临着更多的挑战。

本文第一部分提到的志愿服务所遇到的瓶颈已逐渐成为博物馆志愿者管理部门无法回避的问题。如果不能很好地解决，那么博物馆志愿工作将进入相对停滞的状态，难以在现有的基础上取得更大的突破。

针对志愿服务中遇到的这些问题，安徽博物院从实际情况出发，创造性地建立了"依靠骨干力量，不断发展新生力量"这一利于队伍稳定和持续发展的有效制度，并根据这一制度成立了志愿者宣讲团，以期拓展志愿服务的时间和空间，让博物馆志愿服务进入社区、学校、企事业单位等，使更多的社会阶层和组织加强对博物馆的了解，让他们走进博物馆，更真切地感受中华文明的辉煌和传统文化的魅力。

志愿者宣讲团是安徽博物院以现有志愿服务团队为基础打造的一支具有高度的服务热情和服务水平的志愿者队伍。安徽博物院志愿者团队从2007建立至今，经过10年的不断完善与发展，已成为一支年龄结构、职业背景多样化、人数近百的志愿者团队。2014年，该团队以其优秀的志愿服务成绩赢得了"牵手历史——中国博物馆十佳志愿者"之"十佳志愿者团队"荣誉称号，其"博物馆志愿者基层行"项目受到文化部的表彰；2016年，又在中央文明办等九部委组织开展的宣传推选"四个100"先进典型的活动中荣获"最佳志愿者服务组织"称号。团队的志愿服务取得了良好的社会效应。志愿者宣讲团正是在我院志愿者团队发展日臻成熟之际，为探索博物馆志愿服务社会化途径中做出的一次有益尝试。

在宣讲团成立之初，安徽博物院结合自身实际情况，经过对志愿者宣讲团服务模式的论证，建立了以博物馆社会教育部门为平台，以宣讲团为基础，充分借助社会各方面力量，与文明办、中小学、高校等单位保持紧密联系，大力拓展宣讲空间的模式，并以促进博物馆志愿服务社会化为根本目标，积极推动宣讲团志愿工作的开展，在工作思想和工作方式上有了转变。

首先是工作思想的转变。以前博物馆开展志愿服务时，思维固化，不愿意积极寻求新的方式，这样导致志愿者的管理方式过于被动，不利于博物馆志愿服务社会化的推进，而且重复单调的服务模式严重打击了志愿者的积极性，也不利于团队建设。推动宣讲团工作又好又快发展的前提和基础就是要转变志愿者管理者的思想，积极探寻新的方式。

其次是工作方式的转变。工作思想转变后，工作方式的转变也就顺理成章。以前公众一想到博物馆就觉得那是"高大上"的单位，这些认识给博物馆工作造成了一定的困扰，不利于各项工作的开展。志愿宣讲就是要求博物馆积极与各种各样的社会团体进行接触，寻求更多的合作与支持，带领志愿者走出博物馆，拓展服务的领域，推动博物馆志愿服务社会化。

在转变工作思想以及工作方式后，安徽博物院通过以下方式，大力推进志愿宣讲工作的开展。

1. 博物馆教育部门积极走访合肥市及其周边县市的中小学、高校、社区、养老院以及企事业单位，向对方推荐志愿者宣讲团，寻求合作，提供志愿宣讲服务。

2. 根据走访获取的信息，从受众年龄、爱好、学识、接受能力等多方面认真分析不同受众群体的情况，并依据分析和回访结果，为每一个接受志愿宣讲服务的单位制订合适的宣讲内容，争取让受众都能通过宣讲产生共鸣，达到志愿宣讲团预期的效果。

3. 为每次志愿宣讲活动的开展制订计划，并作好保障工作，确保志愿宣讲圆满完成。每次宣讲活动前，团队会根据要求制订宣讲内容，制作 PPT 和宣讲海报，准备有奖趣味问答，以期贴近观众，在观众中引起共鸣。

4. 主动追击社会热点，积极开展相关的志愿宣讲活动。如在抗战胜利纪念日、建军节、国际博物馆日、文化和自然遗产日等纪念日，有针对性地开展宣讲活动，传达社会主义核心价值观。

针对已经开展的志愿宣讲活动，团队也积极总结经验，为今后宣讲的开展提供可靠依据：

1. "走出去"与"请进来"相结合。志愿者宣讲团与陆军军官学院合作举办过数次宣讲活动，获得了师生的一致好评，也激发了这些军校生对博物馆的兴趣。安徽博物院也向陆军军官学院的师生发出邀请，学院积极与安徽博物院联系，组织学生到安徽博物院参观。一来一往间，既体现了宣讲活动的成功，也推动了博物馆志愿服务的社会化发展。

2. 定期回访，长期合作。在志愿者宣讲团成立的两年多时间内，安徽博物院与多家单位达成了长期合作的意向。在与安徽警官职业学院的合作中，双方根据各自的特点和实际情况，达成了定期举办志愿宣讲活动的合作，博物馆有针对性地为该校师生制订宣讲内容。

三、志愿者宣讲团的优势及不足

经过近两年的努力和尝试，团队在志愿者宣讲团的建设和发展中，因地制宜，在合肥市及其周边县市成功举办了多场志愿宣讲活动，取得了一定的成绩，初步探索出了一条博物馆志愿服务社会化的途径。志愿者宣讲团在志愿服务社会化中有以下几方面的优势。

1. 志愿服务改被动为主动。以前志愿服务开展的前提是观众走进博物馆，只有当观众走进博物馆后，志愿者才能为他们提供服务。对志愿者来说，这是一种被动的服务。以宣讲团这样的形式开展活动，能够使志愿者改被动服务为主动服务，通过前期与接受宣讲的单位接触，可以有的放矢，为受众主动送去他们感兴趣的主题，激发大家对中华传统文化、革命历史以及博物馆的兴趣。

2. 宣传内容选题广泛。志愿者在博物馆展厅的讲解受展品和展厅的限制，内容相对固定、局限，即使有一些志愿者会对讲解内容作相应的拓展，亦无法满足所有观众的需求，使志愿者的成长也受到一定的限制。而志愿者宣讲团会根据不同的受众调整宣讲内容，选题范围更大，介绍的内容更加多元化，能够在最大程度上满足宣讲受众的需求。

3. 团队机动性强。志愿者宣讲团有效解决了志愿服务中遇到的如场地限制、时间限制、观众层次差异等方面的现实问题。这些问题也是限制博物馆志愿服务社会化的最大障碍。而志愿者宣讲团较强的机动性则有助于突破此瓶颈。

首先，不受空间的限制。志愿宣讲活动不再受限于展厅，而是走出博物馆，走入大中小学、高校、社区、企事业单位等社会团体中。其次，不受时间的限制。宣讲团成员职业背景多样化，既有在职员工，也有离退休人员，可服务时间几乎可以涵盖所有工作日和节假日。最后，不受选题的限制。宣讲团成员可以胜任多个主题的宣讲，并且可以根据不同的场合和观众需求，迅速而精准地组织一场宣讲活动。

4. 社会影响力大。安徽博物院以社会教育部门为平台，以志愿者宣讲团为基础，积极与文明办、中小学、高校等单位保持紧密联系，与媒体等宣传部门主动沟通，大力拓展志愿宣讲的空间，成功举办多次志愿宣讲活动，受益观众数万人，宣讲活动受到了参与者的广泛好评，并取得了良好的社会反响，更好地推动了博物馆社教活动的发展。

5. 具有较高的业务素质。志愿者宣讲团的建设基础是安徽博物院现有的志愿者团队，安徽博物院从服务热情、服务水平、知识储备、宣讲能力、舞台表现等多方面对志愿者进行考核，开展队伍内部选拔。在宣讲团成员完成常规志愿服务之余，博物馆对他们进行宣讲方面的专业培训，通过举办专家讲座和定期沙龙、以老带新、网络资源共享以及与全国各地其他博物馆志愿者联系交流等多种形式，提高团队的整体素质和服务水平。

志愿者宣讲团在博物馆志愿服务社会化的探索中，虽然取得了一定的成效，但也遇到了一些亟需解决的问题。

1. 队伍的力量有限。在志愿者宣讲团取得一定社会影响力后，更多的社会团体邀请宣讲团联合开展活动，因队伍力量有限，无法满足所有团体的要求。针对这一问题，安徽博物院接下来打算与更多的中小学和高校进行合作，在校内选拔老师或学生志愿者，定期在校园内协助开展宣讲活动。

2. 志愿宣讲活动对新媒体的利用不够。在以前的宣讲中，每场的受众一般在 500-1000 人左右，虽然相较于在博物馆的受众已经增加数倍，但还是相对较少。在今后工作的开展中，可以借助新媒体的优势，扩大影响力，让更多的观众受益。

3. 宣讲内容的全面性、多样性不够。目前宣讲的内容以历史文物、革命故事、革命任务和重大历史事件为主，为更好地适应社会各界的需求，宣讲内容的范围仍需要不断扩大。

4. 宣讲团成员的宣讲能力有待提升。宣讲团由在职和离退休的志愿者共同组成，成员主要利用业余时间参与志愿服务。为避免一些临时的意外，每一位宣讲团成员都需要能够担当多项职责、扮演多重角色，以确保每一次宣讲任务的圆满完成。

五、志愿者宣讲团队建立的意义

良好的志愿服务建立的基础是一支有着服务大众的无私奉献精神、有着不断学习和提升能力的优秀志愿者团队。安徽博物院志愿者宣讲团就是这样一支优秀的志愿服务团队，它的成立对探索博物馆志愿服务社会化的途径以及扩大博物馆志愿服务的社会影响力有着重要的意义。

博物馆志愿服务社会化不是一句口号，也不是一蹴而就的，这需要在实践中不断调整志愿者服务团队，使之更能适应社会的发展。志愿者宣讲团模式使博物馆志愿服务进一步从馆内延伸到馆外，将被动服务转化为主动服务，服务对象更为广泛，也必将更为公众所欢迎。

「1+N」模式，让「小桂花」香飘万家

广西壮族自治区博物馆

黄璐

摘要： 随着社会和文明的进步，博物馆与公众之间的关系越来越密切。博物馆作为推动社会发展和为社会提供高质量服务的社会文化教育机构，使越来越多的社会力量——志愿者认识了博物馆，走进了博物馆，甚至加入了博物馆队伍。在广西壮族自治区博物馆有这样一个群体，他们不显山露水，却能在言语与行动中处处暖人心脾。他们当中有鹤发童颜的老者、文质彬彬的上班族、青春洋溢的大学生与活泼可爱的孩童，出于对历史文化的向往与播撒文明的热情聚到了一起，这就是广西壮族自治区博物馆"小桂花"志愿者团队。自 2006 年成立以来，广西壮族自治区博物馆"小桂花"志愿者团队已历经十一年时光，先后有数千人在博物馆承担教育活动设计实施、展览讲解、咨询导览、后勤服务、宣传品设计、翻译、社区巡展等公众服务以及文物数据录入等志愿服务工作，秉承"送人桂花，手有余香"的信念，为传播及传承优秀历史文化作出了积极贡献。历经十余年发展，广西壮族自治区博物馆"小桂花"志愿者团队在成长的道路上砥砺前行，同时也面临着困惑与挑战。

一、"小桂花"志愿者团队现状

1. 队伍团结有序

广西壮族自治区博物馆"小桂花"志愿者团队主要由社会志愿者、红领巾志愿者、高校团体志愿者与短期志愿者等几部分构成。其中,社会志愿者于每年4月、10月面向社会公开招募;红领巾志愿者每年春季学期面向目前与博物馆合作的周边五所小学的2-4年级学生展开招募;高校团体志愿者于每年秋季学期面向11所高校的新生招募;短期志愿者主要面向有社会实践需求且无法长期服务的大、中学生进行招募,招募时间为每年的寒暑假。经过培训与考核,广西壮族自治区博物馆结合工作实际和志愿者自身特点,让志愿者在教育活动、展览讲解、咨询导览、后勤服务、宣传品设计、翻译、社区巡展、文物数据录入等不同岗位上开展具有针对性的志愿服务。

团队建立初始,广西壮族自治区博物馆便制定了《广西壮族自治区博物馆志愿者章程》,针对"红领巾志愿者"则有相应的《广西壮族自治区博物馆小志愿者章程》,现已形成较为成熟的完善的志愿者招募、培训、考核机制,每一名志愿者须严格按照章程行使相应的权利、履行相应的义务。

2015年5月,广西壮族自治区博物馆选举产生了由馆内工作人员以及志愿者共8人组成的广西壮族自治区博物馆志愿者工作委员会,让志愿者参加管理工作,使广西壮族自治区博物馆志愿服务工作更加规范化。

2. 服务春风化雨

经过专家讲座、专业老师授课与实地操作等系列培训互动,"小桂花"志愿者们加深了对博物馆的认知与了解,并掌握了博物馆服务的基本技能,在不同的岗位上为广西壮族自治区博物馆开展的文化活动作出了重要贡献。他们身穿与桂花同色的米黄马甲,或在展厅将八桂掌故向观众们娓娓道来,或将历史文化活动带到博物馆课堂,走进学校、社区,又或是在幕后通过设计与宣传,默默为博物馆奉献创意与力量。广西壮族自治区博物馆也不断拓展博物馆志愿服务内容,从最初单一的志愿讲解、后勤服务岗位,发展到展览讲解、社会教育、平面设计、文字翻译、资料整理、社区服务、可移动文物普查等多个服务岗位。志愿服务覆盖面得到不断扩大,服务对象包括老年人、未成年人、特殊群体等。

"小桂花"志愿者们在乐于奉献的同时，也注重在学习中提升自己。广西壮族自治区博物馆每年会开展"志愿者万里行"活动，带领优秀志愿者到省内外文博机构进行学习交流，同时不定期举办志愿者座谈会，开展志愿者专场体验活动。"小桂花"志愿者们发挥自身优势，自主策划、实施了"爱满博物馆"等丰富多彩的公益教育活动，正在进一步成为公共文化服务的主导者。

3. 成绩有目共睹

"小桂花"志愿服务团队的辛勤努力得到了社会各界的广泛好评。中央电视台、广西电视台、《广西日报》《南国早报》等多家传统媒体及新媒体对"小桂花"志愿者团队的服务工作作了深入报道。2012 年，"小桂花"志愿者团队荣获第四届"中国博物馆十佳志愿者之星"称号，在 2010 年至 2015 年间，我馆先后有多名志愿者个人获得"中国博物馆优秀志愿者"称号与"中国博物馆十佳志愿者之星"提名奖。2016 年 12 月，广西壮族自治区博物馆被中央文明办等 7 部门评为首批公共文化设施开展学雷锋志愿服务示范单位之一，"小桂花"志愿者团队获得文化部的公开表彰，入选全国基层优秀文化志愿服务团队。"小桂花"志愿者团队倾情奉献的形象深入人心，传播了博物馆文化的同时，也吸引了更多人加入"小桂花"的大家庭，投身志愿服务。

二、发展面临的困惑

1. 博物馆志愿者组织身份模糊

博物馆志愿者组织有着"非政府""非民间"的模糊身份，往往都是挂靠在博物馆相关部门的，而对于博物馆的负责人和工作人员而言，从事志愿者管理工作只是他们的"部门任务"和"岗位职责"的一部分，因而不完全具备"独立性"特征。在管理上不可避免的是自上而下的管理模式，保留了较多的"行政色彩"，大大制约了志愿服务的拓展。

2. 核心团队缺乏稳定性

这一点高校志愿服务团队表现得尤为突出，大学生志愿者的流失率较高。对于大学生而言，就算每周坚持到博物馆服务 4 小时，一年 52 周也就是 200多小时，很难与时间相对充裕的社会志愿者抗衡，而且博物馆志愿者的专业水平要求高，需要付出更多的时间和精力，却得不到相应的回报，还不如参与一次性的节庆或赛事志愿服务来得轰轰烈烈。因此，虽然大学生注册志愿者的人数不少，但整个团队成员流失率高，缺乏稳定性，制约了服务品质的提升。

3. 缺少具有影响力的品牌活动

由于大多数博物馆的志愿者组织都由社教部门管理，因此服务内容不可避免地打上了社教部特色的标签，基本上就是讲解、活动策划、文物宣讲、平面设计、观众调查等，不同的博物馆的志愿者服务内容都是大同小异，同质化程度高，难以形成自己的特色和品牌。长此以往，志愿活动可能流于形式，志愿者的积极性也会减退。

4. 馆舍条件制约志愿服务发展

目前，博物馆志愿服务活动大多依托博物馆场馆、校园、社区等场所开展，但是每个场馆、每项活动可有效容纳的志愿者数量是有限的。以广西壮族自治区博物馆为例，当前广西壮族自治区博物馆的馆舍建于 1978 年，展厅面积只有 4800 平方米，场馆小，展厅少，如果志愿服务地点局限在博物馆场馆内，无疑会对参与服务的志愿者人数产生限制，出现人多没事干的情况，影响队伍的可持续发展。

三、"1+N" 模式的构想

作为广西的省级博物馆，作为广西最早成立志愿者团队的博物馆，我们在困惑中思考：如何在现有条件下，推进志愿者管理工作的创新？如何持续有效地加强志愿者队伍的稳定性？如何增强志愿者的情感归属，激发他们自发服务的意识？如何进一步拓展博物馆志愿服务的内容？如何发挥省级馆的地域性示范带头作用？如何科学培育博物馆志愿服务品牌？根据本馆自身情况及地域发展情况，我们构想了一条"1+N"模式的发展之路。

"1+N"志愿者团队建设模式是以一个志愿者团队带动多个志愿者团队发展的模式。计划以"小桂花"志愿者基础团队为核心，带动高校志愿者团队以及其他博物馆志愿者团队的共同发展。

1. 博物馆 + 高校的"1+N"模式

当前，大部分博物馆在志愿者招募的要求中，均设有每月到馆服务的时长规定。但对于大学生志愿者而言很难做到每周打卡，这极大限制了大学生志愿者队伍的发展。事实上，凡是在博物馆的指导下，利用博物馆资源开展的志愿服务项目，都应当属于博物馆志愿服务。对于高校志愿者团队而言，可以考虑采取项目化管理的模式。博物馆搭台，志愿者唱戏，通过立项申报、审批、项目执行、验收、评价等程序，为大学生志愿者搭建更为多样化的成长平台，发挥大学生志愿者自我管理、自我创造的能力，培养他们的创新精神和实践能力。对高校团体志愿者实行项目化管理，意味着志愿者不需要到博物馆场馆进行签到服务，只需要在规定的时间内完成所承担的博物馆文化推广项目即可，从而打破了志愿服务时间、空间的限制，同时也可通过项目化管理，培育具有特色的志愿服务品牌项目。

2. 博物馆 + 博物馆的"1+N"模式

省博物馆作为区域的龙头馆，对于整个区域的博物馆事业发展有着示范引领作用。博物馆 + 博物馆的"1+N"建设模式则是充分发挥省馆的带头作用，带动地市博物馆的志愿者队伍共同发展。通过健全的组织系统和有效的服务支持，建立统一的管理、培训、考核、评估体系，加强各博物馆志愿者的统筹协调与纽带联系，志愿组织之间可以实现信息互通、资源共享，从而实现区域内博物馆志愿者组织的集群化发展。

志愿服务是一项崇高的事业，也是时代的需求。广西壮族自治区博物馆"小桂花"志愿者团队在新的发展机遇下，将立足于公共文化设施实际，不断创新，努力进取。广西壮族自治区博物馆将进一步完善志愿者团队建设，充分发挥志愿服务公共文化设施示范单位的带头作用，推动博物馆的志愿事业朝着更加科学化、多元化、社会化、国际化的方向迈进。

浅析博物馆学雷锋志愿服务的现状及所发挥的作用

——以宁夏博物馆为例

宁夏博物馆

刘红英

摘要：本文主要结合宁夏博物馆自身情况，分析志愿者的来源、工作内容、服务理念的重要性及所发挥的作用，从而提出管理理念，以期丰富完善公共文化设施单位志愿者服务体系，壮大志愿者队伍，使志愿者成为博物馆公共文化服务不可或缺的一支重要力量。

博物馆作为一个非营利性的社会服务机构，是征集、典藏、陈列和研究代表自然和人类文化遗产实物的场所，具有丰富的历史文化底蕴。从某种程度上来说，了解一个地方的过去和现在是从博物馆开始的，而一座城市的志愿者是衡量城市文明程度的重要标准。志愿者作为社会进步的一种标志，如今早已融入社会各方面。2016 年 10 月，在中共中央宣传部、中央文明办等 7 部门联合印发的《关于公共文化设施开展学雷锋志愿服务的实施意见》（文明办 [2016]22 号）的精神指导下，全国各地积极响应并认真部署开展各项学雷锋志愿活动，这也意味着博物馆志愿者服务及管理工作正式成为博物馆的一项重要工作。笔者对宁夏博物馆近几年来学雷锋志愿服务的现状等方面作简要分析。

一、志愿者服务管理现状

宁夏博物馆是国家一级博物馆，志愿者毫无疑问是一支博物馆不可或缺的力量。国家文物局对一级馆的评估标准包括：要有一支稳定的、具有一定规模的博物馆志愿者队伍，并结合本馆特点和社会服务需求对志愿者进行培训，培训合格后的每一个志愿者每年应为博物馆服务不低于 48 小时。宁夏博物馆多年来，已将志愿者服务工作纳入日常工作之中，并通过志愿者管理，使这支队伍积极活跃在日常各项工作中。

1. **志愿者来源**：招募的志愿者多为高校学生。学生有相对充裕的时间和较高的知识水平，自主社会实践意识较强，已成为我馆志愿者讲解员的主要来源。其次是中小学生，这支小队伍已成为宁夏博物馆一道亮丽的风景线，他们在家长的鼓励和引导下，在博物馆专业老师的辅导下，逐渐成为博物馆志愿者的重要补充。最后是社会志愿者，主要有大学教授、退休后的文博专业人员、从事文化工作的人员，以及其他对博物馆及文物感兴趣的社会各阶层人士。

2. **招募志愿者的方式**：主要通过张贴招募广告、博物馆网上通知及工作人员介绍等形式进行招募。招募人数不限，最终在筛选后选拔出几十名适合做博物馆工作的志愿者。

3. **培训内容**：志愿者须了解博物馆总体情况，学习博物馆规章制度，维护博物馆形象，熟悉博物馆展览内容，熟背讲解词，了解岗位须知及服务礼仪礼节等。

4. **服务岗位**：志愿者利用自己的休息时间来馆进行义务讲解、引导观众参观、维护参观秩序、协助专业人员开展社会教育活动、参加展览开幕式、开展文物鉴定、陈列布展及文保工作等。志愿者统一服装、统一挂牌服务。

二、志愿者服务的重要性及发挥的作用

志愿者服务是推动社会进步与发展不可或缺的重要内容，代表着人类文明发展的新高度。我国的志愿者服务有着广泛的社会基础和独特的优势。比如在我国举办的北京奥林匹克运动会、上海世界博览会以及自然灾害抢险救灾等重大活动和重大事件中，志愿者都发挥了突出的作用。

宁夏博物馆作为经济不发达地区的博物馆，博物馆志愿者还处于起步及尝试阶段。但目前志愿者工作的开展已经带动了博物馆的发展。志愿者的引入无论是对博物馆还是对志愿者本身都具有积极作用，这是一项双赢举措。宁夏博物馆作为全额拨款事业单位，编制有限，随着免费开放，观众量的增长对博物馆人力、物力、财力等各方面都提出了更高的要求，在此情况下，引进志愿者服务可使博物馆更好地发挥各项功能，提高博物馆的知名度和影响力。

宁夏博物馆新馆免费开放以来，吸引了大批本地的大中院校学生到博物馆做志愿者，他们一方面是出于对博物馆建筑及展览的欣赏与好奇而来到这里，在这样一个高雅而神圣的殿堂里为观众服务让他们感到无比自豪，另一方面可以通过几年在本地的学习了解本地的历史文化，再到博物馆进行知识深化，为观众提供服务，同时借助这个平台来锻炼提高自身素质。从事各种职业的社会人士也纷纷走进博物馆做志愿者工作，用他们的话说："我特别喜欢收藏、爱好文物、也喜欢演讲，到博物馆来可以展示自我。"由于他们来自社会各个行业，有着不同的社会阅历，可以更好地为不同的参观者服务，满足观众的需求，提升博物馆的服务水平和服务质量，得到了社会的认可。

随着博物馆知名度的提高，国家文物局对博物馆志愿者服务提出了更高的要求，宁夏博物馆每年在现有志愿者的基础上不断扩招、不断创新。从 2011 年开始，宁夏博物馆已连续 7 年开展小小志愿者讲解员活动，小朋友们在博物馆里学到了课本中学不到的东西，他们认真学习讲解技能，积极主动为观众讲解，得到家长和广大观众的赞赏，观众们纷纷留言表扬。这是宁夏博物馆拓展社会服务空间、发展壮大博物馆事业的一项重要举措，同时也宣传和弘扬了志愿者"奉献、友爱、互助、进步"的服务精神，为有志于博物馆公益事业的人

们提供了实现个人价值和社会价值的平台。志愿者们和博物馆专业人员一同进社区、学校、军营、狱所等开展专题宣传活动，热情为观众服务，他们的奉献精神感染了一批又一批的观众，为提高博物馆的社会效益发挥了作用。

三、建立完善管理体制：创造条件，提高专业技能，查找问题，调动志愿者的积极性

志愿者活动是一项复杂的系统工程，其能否有序开展、落到实处，与管理密切有关。为管理好志愿者，宁夏博物馆成立了主管机构，以统一进行志愿者注册、接受志愿者申请、开展志愿者培训、拓展志愿者服务业务、评估志愿者业绩及管理志愿者服务资料档案。宁夏博物馆并结合本地区和本馆的特点，从实际出发，建立了规章制度，既要有利于志愿者，也要有利于博物馆事业的发展。

同时，为了吸纳更多的志愿人员进入博物馆领域，宁夏博物馆加大对志愿者服务的投入，提高志愿者的专业技能，以克服博物馆志愿者队伍平均年龄偏低、服务岗位单一、流动性过大、专业性不足等缺陷，建立起一支适应博物馆建设需求的志愿者队伍。为此，宁夏博物馆加强了志愿者培训，为志愿者创造便利的条件、提供更多学习和提高的机会，向志愿者开放更多的资源与信息，与志愿者进行更多接触与交流，以帮助志愿者达到博物馆工作的岗位要求，使之成为支持博物馆发展的最坚实、最可信赖的社会力量之一。

宁夏博物馆志愿者工作虽然制度完善、注册登记详细、人员管理明确、志愿者的积极性相对较高，但还是存在一些问题：

1. 志愿者相关法律不健全，志愿者的权益在法律上得不到保障，影响了志愿者的参与。

2. 因地域原因，博物馆淡旺季观众量差异较大，使志愿者工作得不到均衡安排，旺季较忙，淡季较闲。

3. 小志愿者的安全存在隐患。大部分孩子都是自己从家里来馆里，路途较远的要转车，此现状让博物馆管理人员比较担忧。需采取更好的办法来排除这种隐患。

4. 由于经费问题，对每年评选出的优秀志愿者只能表彰、颁发奖状，不能带领他们外出参观考察学习，从而影响志愿者参与的积极性。

鉴于这些情况，博物馆也将逐步完善工作环节，精心策划工作细节，创造

机会和条件，尽最大的努力为志愿者提供除工作之外其他更丰富的活动，不断加强对志愿者工作的支持力度和协调指导，扩大志愿者工作的社会影响力，调动志愿者的积极性。

四、逐步扩大志愿者队伍，完善组织机构及保障机制

宁夏博物馆 2009-2017 年共注册志愿者 700 多人，大学生志愿服务团队有 1000 多人，而每年上岗工作者也仅有 30 多人，多服务于讲解岗位。这些志愿者把关怀带给社会，传递了爱心、传播了文明。同时，宁夏博物馆完善志愿者组织机构及保障机制，以部门主管领导为主要负责人，以组织志愿者的社教部负责人为分管志愿者负责人，以部门成员为主要辅导老师，并在志愿者队伍中安排负责人和组织者。馆内设有宁夏博物馆志愿者工作室、学习室（有学习用案桌、书籍），以及休息室（有沙发、饮水机）。

五、完善志愿者培训考核与激励机制，体现志愿者为博物馆服务的实效性

志愿者培训考核与激励机制是志愿者工作中的重要环节，按照《志愿服务记录办法》民函[2012]340号）和《关于规范志愿服务记录证明工作的指导意见》（民发[2015]149号）的要求采用统一的内容、格式和记录方式，及时、完整、准确记录志愿者参加公共文化设施志愿服务的信息，规范出具志愿服务记录证明，做好优秀志愿者认定工作。在考核方面，考核方式包括平时考勤、笔试和现场讲解打分。博物馆为考核成绩合格者颁发结业证书，为考核成绩优异者颁发结业证书并授予"优秀志愿者"荣誉证书。

2016 年，宁夏博物馆面向社会招募成人志愿者 65 人，上岗服务工作的有 19 人，讲解服务累计达到 881 天，共计 1762 小时。此外，面向全市各中小学校招募小志愿者讲解员 84 人，上岗服务工作的有 27 人，讲解服务累计达到 870 天，共计 1696 小时，服务对象达 5 万多人次。

同时，宁夏博物馆还与宁夏大学、北方民族大学、宁夏职业技术学院、宁夏医科大学、宁夏育才中学、银川市金凤区回民四小、银川二十一小学、银川回民二小等共建志愿者学习实践基地，为大、中、小学生志愿者搭建实践平台，

使博物馆的社会教育功能得到充分发挥。志愿者加入博物馆，牺牲自己的节假日、休息日长期坚持不懈地来馆服务，使宁夏博物馆的学雷锋志愿者团队有了一定的凝聚力和创造力，志愿者的出色讲解和热情服务换来了社会和观众的肯定与褒奖。

宁夏博物馆志愿者的具体事迹有：

1. 志愿者协助博物馆社教队组织开展进狱所的帮教活动，通过演讲及文艺表演进一步增强广大被劳教学员们爱党爱国爱宁夏、干事创业、重新做人、早日回归社会、投身建设新宁夏的信心和决心。

2. 志愿者协助社教人员进社区开展博物馆历史知识宣传工作，每年进社区5场次，使社区居民认识博物馆，走进博物馆。这也是宁夏博物馆社教人员对文博工作者"贴近实际、贴近生活、贴近群众"三贴近原则的再一次深入实践和落实。

3. 志愿者与社教人员将"流动博物馆"延伸到校园，让更多的孩子了解博物馆、了解宁夏的历史文物古迹，学习课本中学不到的知识，真正体现了博物馆的第二课堂教育的功能，发挥了爱国主义教育基地的作用。

4. 志愿者与社教人员通过进军营活动，拉近了与部队官兵的距离，建立了深厚的军民鱼水情。

5. 志愿者在馆内进行讲解服务，增强了博物馆的社会亲和力和认同感，给博物馆带来了显著的社会效益，激发了公众对博物馆事业的极大兴趣，各类服务人员也增强了博物馆与社会的互动，同时增加了馆外的观众量。这些都推动了博物馆首要职能向服务公众的转变，博物馆发展活力明显增强，使博物馆成为素质教育基地和未成年人社会教育课堂。

六、结语

宁夏博物馆的志愿者们不计报酬自愿加入志愿者队伍，为建立起大众与博物馆之间沟通的桥梁，让博物馆更好地培育和弘扬社会主义核心价值观、传播社会主义先进文化起到了重要作用。

博物馆志愿者管理工作的策略研究

林晖 广州博物馆

摘要：随着我国博物馆事业的快速发展，博物馆志愿者作为博物馆建设的一支重要的补充力量，发挥着不可替代的作用。然而相比国外，我国博物馆志愿者工作起步晚，管理工作存在一定的滞后性。本文将结合笔者志愿者管理工作的实际情况，分析指出博物馆志愿者管理工作的不足，并基于国内外科学的理论和实践经验，探讨改进博物馆志愿者管理工作的策略。

1985 年 12 月 17 日，联合国大会通过 40/212 号决议，确定每年的 12 月 5 日作为"国际志愿者日"，其目的是在世界范围内弘扬志愿精神、宣传志愿者在社会和经济发展中的作用。志愿服务起源于 19 世纪初西方国家宗教性的慈善服务。尔后的两百多年里，西方国家的志愿服务工作不断完善和发展，关注对象由最初的被救助的个体逐渐扩展到社会中的各个群体，志愿服务队伍也不断壮大。[1] 例如在美国，其《志愿者服务法》规定只要年龄达到 16 周岁，就可以参与志愿服务。因此早在 1984 年，就有近一半的美国人表示参与过志愿服务。21 世纪以来，从 2005 年到 2014 年 10 年间，美国志愿服务人数每年基本保持在 6000 万以上。[2]

　　博物馆志愿者是志愿者队伍的重要组成部分，我国博物馆志愿者工作起步相比国外较晚，直到 20 世纪 90 年代末，全国各地的博物馆才陆续开展志愿者活动。近年来，随着博物馆事业的日渐兴盛，我国博物馆志愿者的队伍不断壮大，据北京博物馆学会志愿者专业委员会粗略估计，目前在北京各博物馆注册的志愿者已突破 5000 人次。[3] 面对如此庞大的博物馆志愿者队伍，博物馆管理人员能否制订一套行之有效的管理办法，让博物馆志愿者管理工作有序进行，让志愿者的才干得到充分的施展，应是目前博物馆志愿者团队建设工作中迫切需要探讨的重要话题。[4]

　　本文将以笔者所在的广州博物馆为例，基于国内外科学的理论和实践经验，结合近年来该馆在博物馆志愿者管理中的一些工作实际，提出对博物馆志愿者管理工作的思考和建议。

一、广州博物馆志愿者管理现状

　　广州博物馆建馆于 1929 年，是我国最早创建的博物馆之一。馆址镇海楼，是广州的老城标。其志愿服务工作开始于 20 世纪 90 年代，最初志愿服务的内容主要是公众服务，如展览讲解、开放服务等。随着博物馆服务内容向纵深发展，广州博物馆志愿服务的内容也不断拓展到教育活动、观众调查、稿件撰写、书籍整理等方面。在志愿者管理方面，广州博物馆建立了章程、制度、招募、管理办法等较为完备的规章制度，该项工作由一名主管业务的副馆长主持，宣传教育部指定专人负责日常管理。目前队伍每年拥有在岗志愿者约 350 人，由广州本地高校的学生、教师、公务员、企业员工、海外留学生以及国外公益机构青年志愿者等组成，其中44%为公务员，37%为大学生志愿者。

自2012年起，广州博物馆逐步将志愿者招新常态化，每年一招，并且服务岗位由最初仅有的讲解服务，发展到社会教育、问卷调查、书籍整理、流动展览以及展厅引导等。近年来，广州博物馆的志愿者工作推陈出新，取得了不俗的成绩。2016年，广州博物馆AIESEC志愿服务队凭借其连续4年参与组织的"小广的奇趣假期"活动获得了中国博物馆协会授予的全国十佳志愿者团队的称号。该服务队由全球最大的学生组织、世界第三大非营利机构AIESEC的中山大学分会的成员以及来自亚、欧、美、非洲等多个国家和地区的150多名优秀青年志愿者组成，是广东省内博物馆唯一一支国际志愿者分队，被称为广博的"小联合国"。他们是具有世界视野与广府文化背景的双语助教和导赏员。团队自2013年5月成立起至今年8月，已成功举办了32次中外文化交流活动，参与活动的人数仅学生就超过2000人次。他们与广州博物馆携手把各国文化带到了广州观众面前，又坚持弘扬和传承兼容并蓄的广府文化。此外，广州博物馆的广州市直机关党员志愿者服务队荣获2016年广州市优秀文化志愿服务团队的称号，这支队伍结合自身资源优势，积极推进博物馆的社区宣传、关爱弱势群体等文化惠民活动。

二、志愿者管理存在的问题

1. 人员流动性大

广州市志愿者群体从职业身份来看，以高等院校学生和企事业单位在职员工为主，二者分别占60.1%和18%。此外，企事业单位退休人员、党政机关公务员、社区老年人、外来务工人员等也积极参与志愿服务，并且这种趋势还在不断加强。从年龄结构来看，志愿者以30岁以下的年轻人为多数。[5]广州市志愿者的这种特征也同样反映于广州博物馆在岗和不在岗，即登记在册的所有志愿者，一直以来，广州博物馆在馆开展日常服务的志愿者大部分是高等院校的学生。广州博物馆在广州市内9家高校设立有志愿者分队，通过各高校分队及广州博物馆馆方层层选拔来挑选其中的优秀者，吸纳成为广州博物馆志愿者。然而，随着高校学生的升学或者就业，博物馆往往也会面临着志愿者"青黄不接"的尴尬境地。

2. 人员组成较为单一

广州博物馆目前的志愿者主要来自市内的多家高等院校，身份多为学生。一方面，高校学生精力充沛又有较高的文化水平，这对于志愿服务工作的开展十分有利；但另一方面，由于学生的课程安排，他们志愿服务的时间主要集中在周末，而且每逢学期的考试阶段，博物馆志愿服务便会遭遇"志愿者荒"。其实，从人力资源的角度出发，博物馆志愿者也是博物馆人力资源的重要部分。拥有一支强大的、复合型的志愿者队伍是博物馆长期稳定和可持续发展的重要条件。[6] 例如国内志愿者保持率较高的湖南省博物馆，其志愿者团队的人员组成就比较复杂，包括在校的高中生、大学生、各行各业的在职人员以及退休人员，其年龄组成从 14 岁到 76 岁不等。有一些志愿者还具有特殊才能。[7]如果博物馆能对年龄各异、职业多元、文化背景多样的志愿者队伍进行有效的组织和管理，使其为博物馆所用，相信这对博物馆的发展和建设可谓"锦上添花""如虎添翼"。

3. 志愿者培训不够科学

博物馆作为一个文物收藏单位和公益性开放单位，具有业务性和服务性较强的特点，这就决定了对志愿者进行科学合理的业务培训是必要的。然而现在多数博物馆管理志愿者队伍的部门主要是宣教部（开放服务部），因此志愿者培训的内容往往多偏重开放服务、讲解服务等方面。而且，大多数博物馆没有"养兵千日，用兵一时"的长远眼光，只会在重大活动或工作任务繁重时期起用大批志愿者，由于时间紧，志愿者普遍缺乏相关的知识和技能，最终工作不够令人满意。[8] 其实，博物馆志愿者多为热心博物馆及公益事业的民众，他们之所以愿意报名参加博物馆志愿服务，一方面是因为他们有参与公益的兴趣和热情，另一方面是因为他们对博物馆的工作好奇，想通过参与志愿服务工作，让自己了解博物馆，成为博物馆建设的一份子。因此，在志愿者培训方面，既要考虑博物馆的实际需要，也要兼顾参与主体的实际需求。

三、志愿者管理改进的建议

1. 扩展人员招募的途径

博物馆想要招募更多的志愿者人才，就必须"广发英雄帖"，多渠道地"招兵买马"，目的是让民众对博物馆志愿工作有所了解，从而培养他们或者借由他们使周围的亲友产生对志愿服务的热情和兴趣。至于招募信息的发布途径，首先，可以利用博物馆官网和自媒体如微信、微博等，有计划、有层次地发布信息。其次，可以通过易拉宝、海报及户外广告牌等形式在博物馆、社区等公众场合扩大宣传。最后，可以发动现有的志愿者及博物馆员工的力量，将招募信息发送到各自的朋友圈，提高信息推送的针对性。

2. 完善人员培训的机制

博物馆志愿者管理的理念应该是以志愿者为本，以满足志愿者的需求为本，在博物馆与志愿者之间建立双赢互动的关系。博物馆在发展自身的同时，也要为志愿者提供学习、交流、研究的平台。[9] 博物馆可以通过标准化的管理制度明确不同岗位的职责。另外，博物馆应针对不同志愿者群体的情况，制订科学合理的培训计划和课程，借助多种方式对博物馆志愿者进行培训：

（1）馆内培训，结合馆内业务工作开展的需要和志愿者实际情况，策划推出不同专题的主题讲座或者实践操作，邀请志愿者与本馆相关业务人员一同参与学习。

（2）馆外培训，可以组织个别独立承担业务项目的志愿者骨干到其他博物馆、院校等进行相关的交流培训，充分发挥志愿者的积极性和能动性。

（3）自我学习，鼓励志愿者借助出版物、学术网站、视频等丰富和充实自己的业务知识。志愿者可以凭工作卡免费到其服务的博物馆图书室借阅书籍。如果条件允许，还可以考虑将借阅范围延伸到文博系统内各家单位的书籍。

3. 运用科学的管理办法

（1）要形成良好的志愿文化

建设志愿者队伍，要在志愿者团体内形成良好的文化向心力。志愿服务的真谛是奉献精神，不应该掺杂有任何功利目的。博物馆除了对志愿服务进行管理之外，还要通过宣传引导，形成良性健康的志愿文化。同时，创设如志愿者园地、志愿者之家等报纸或网站栏目，鼓励志愿者投稿，了解他们的思想、学习、生活等方面的动向，及时纠正不良之风，帮助他们更好地实现自身价值和社会价值。

（2）要营造和谐的工作氛围

博物馆要为志愿者营造和谐温馨的工作环境，让他们得到足够的尊重和关怀。如台北故宫博物院为志愿者专门设置志愿者中心，提供茶水、更衣室、免费上网服务，让志愿者书写感想、感悟，并可与其他志愿者互动交流。[10] 旧金山亚洲艺术博物馆同样设有志愿者服务中心，志愿者可免费在中心内休息或者享用午餐。[11]

（3）要建立科学的激励机制

美国心理学家赫茨伯格提出的"双因素理论"又称"激励保健理论"（Hygiene-motivational Factors），是激励理论的代表性理论之一，该理论提出组织责任包含激励因子和保健因子。由于志愿者的需求层次较高，很大程度上脱离了以保健因子为主的需求，所以组织责任的内容维度主要也是激励因子。[12] 如今，大多数博物馆会通过举办年度志愿者大会、评选志愿者之星、推选参评明星志愿者等激励办法对表现优异的志愿者给予认同和肯定，进一步调动志愿服务的积极性。如广州博物馆在每年一度的志愿者大会上会对上一年度表现突出的志愿者给予优秀志愿者的表彰并颁发证书，而后还会挑选其中的优秀志愿者代表现场分享志愿服务的先进经验。中国国家博物馆制订的工作章程规定每名志愿者服务时长满 50 小时后可得到 1 颗五角星，当满 1000 小时，得到 5 颗星时，该志愿者不仅会被授予"国家博物馆荣誉馆员"称号，还会由馆长亲自为其颁奖。[13]

近年来，我国博物馆事业进入了高速发展的阶段，志愿者管理工作也迎来了前所未有的机遇和挑战。一方面，管理有序的志愿者队伍可以为博物馆发展"添砖加瓦"；另一方面，我国博物馆志愿服务尚处在起步阶段，需要博物馆人在今后的实际工作中不断探索与改进，以开创我国博物馆志愿服务的新天地。

注释:

〔1〕 胡蓉:《我国非营利组织志愿者的管理研究》,西南交通大学硕士学位论文,
2005 年,页 1。

〔2〕 张墨亮:《美国志愿服务的发展动力研究》,南昌大学硕士学位论文,2015 年,
页 15。

〔3〕 彭玮:《我国博物馆志愿者管理研究——从心理契约角度谈起》,中央美术
学院硕士学位论文,2014 年,页 13。

〔4〕 蒋菡:《构建博物馆志愿者管理的长效机制——以苏州博物馆为例》,《中
国博物馆》2012 年第 3 期,页 36。

〔5〕 韦朝烈、杨慧:《推进广州志愿服务常态化发展的对策建议——基于广州市
志愿服务现状的调查与分析》,《探求》2013 年第 5 期。

〔6〕 毛晓蕾:《对博物馆志愿者队伍建设的若干思考》,《科教导刊》2012 第 4 期,
页 162。

〔7〕 李芳:《湖南省博物馆志愿者管理与维系研究》,中南大学硕士学位论文,
2012 年,页 22。

〔8〕 王建华:《中国博物馆志愿者培训和激励机制的探索》,《博物馆研究》
2012 年 1 期,页 28。

〔9〕 王来:《以人力资源为视角,加强博物馆志愿者资源的管理与建设》,《吕
梁教育学院学报》2008 年第 2 期,页 38。

〔10〕 步雁:《浅析博物馆志愿者的规范化管理》,《文博》2014 年第 5 期,页
75。

〔11〕 刘政:《旧金山亚洲艺术博物馆志愿者工作机制考察》,《中国文物报》
2016 年 8 月 2 日,第 6 版。

〔12〕 李芳:《湖南省博物馆志愿者管理与维系研究》,中南大学硕士学位论文,
2012 年,页 27。

〔13〕 张天莉:《北京地区博物馆志愿者工作探索》,《中国文物报》2006 年 8 月
9 日,第 3 版。

新常态下博物馆志愿服务品牌建设的探索与实践

青岛市博物馆

王英群

摘要：新常态下，志愿服务纳入国家社会发展规划，上升为国家战略的重要组成部分，博物馆志愿服务工作面临新的机遇和挑战。打造志愿服务品牌，构建足以成为社会前进驱动力的志愿者队伍，是新常态下对博物馆志愿服务工作的新要求。博物馆应进一步加强志愿服务品牌的建设与传播，充分发挥志愿服务品牌效应，吸引和带动越来越多的人参与志愿服务工作，为推动精神文明建设、促进文化事业繁荣发展、提高社会文明程度、实现中华民族伟大复兴的中国梦汇聚磅礴力量。

志愿服务是现代社会文明进步的重要标志，是新形势下推进精神文明建设的有效途径，我国志愿服务事业经过长期发展，已经深入到各行各业，深入到时代的发展脉搏中。博物馆作为传承和弘扬中华优秀传统文化的窗口、培育和践行社会主义核心价值观的重要阵地，从 20 世纪 90 年代起开始尝试志愿者服务的工作形式。截至 2016 年底，全国近 4700 家博物馆中，约有 50% 的博物馆开展了志愿服务工作，共有志愿者近 25 万人。志愿者是连接博物馆与社会的重要桥梁和纽带，是增强现代公共文化服务的发展动力，通过志愿服务工作的开展，博物馆服务领域进一步拓展，服务效能进一步增强，志愿者已经成为博物馆服务社会、促进社会进步的不可或缺的重要力量。当前，我国经济发展进入新常态，志愿服务纳入国家社会发展规划，上升为国家战略的重要组成部分，博物馆志愿服务工作面临新的机遇和挑战。打造志愿服务品牌项目、扩大志愿服务队伍、提升志愿服务质量是博物馆志愿服务工作适应新常态、开创服务新境界的必然选择。

一、新常态下博物馆志愿服务工作的新要求

"新常态"是当下中国的新词、热词、高频词，是习近平总书记在 2014 年 5 月河南考察之行中提出的治国理政新理念。新常态背景下，党和国家高度重视志愿服务的发展与繁荣，"十三五"蓝图的描绘为志愿服务事业发展翻开了新的篇章，《关于公共文化设施开展学雷锋志愿服务的实施意见》《志愿服务条例》的相继出台，为新常态下博物馆开展志愿服务工作指明了方向。要求坚持把志愿服务与创新社会治理结合起来，与学雷锋活动结合起来，大力弘扬"奉献、友爱、互助、进步"的志愿精神，在全社会倡导志愿服务。志愿服务是培育和践行社会主义核心价值观的重要载体和形式，既能满足个人向上向善的精神需求，也能为促进社会和谐、引领文明风尚，为助推中国梦提供强大精神动力。[1] 博物馆志愿服务对于促进文化事业繁荣发展，传播先进文化，提高社会文明程度，具有重要意义。[2] 打造志愿服务品牌，构建足以成为社会前进驱动力的志愿者队伍，是新常态下对博物馆志愿服务工作的新要求。

二、新常态下博物馆志愿服务品牌建设的重要性

"服务品牌"概念最早在商界提出，是指在经济活动中通过商品或劳务的服务过程，来满足消费者的心理需求。它是一种特殊的品牌形式，是一种通过提供创意服务过程提升顾客满意度的独特服务模式，是服务者通过展现自身的接待艺术所产生的一种效应，是被社会公众所认可和信赖的业务技能。[3] 打造服务品牌已经不再是企业的专利，博物馆志愿服务工作也迎来了品牌时代。志愿服务品牌是志愿服务组织以追求最大化的社会利益为核心价值观，体现个性化和差异化的服务特色，展示优势性服务能力，形成良好的知名度和美誉度，与社会公众形成良性信息互动与沟通的综合性力量。[4] 运用品牌意识来筹划和指导博物馆志愿服务工作，对充分发挥博物馆的功能，提升博物馆的社会影响力大有裨益。

美国营销学家菲利普·科特勒认为："品牌是一种识别标志、一种精神象征、一种价值理念，是品质优异的核心体现。"[5] 将品牌创建的理念引入博物馆志愿服务中，可提升志愿服务工作的吸引力、凝聚力和影响力。博物馆志愿服务工作常态化开展，高质量、高水平推进，需要推出"品牌化"的志愿服务。博物馆志愿服务工作有了响亮的品牌，就能增强志愿者们的身份意识、角色意识和团队意识；[6] 就能获得更多人的支持，吸引更多人的参与；就能更好地体现博物馆的社会服务价值。近年来，志愿服务工作在博物馆行业蓬勃开展，但是对比发达国家，中国博物馆志愿服务事业还处于初级阶段，缺乏广为人知的志愿服务品牌，博物馆志愿服务工作的知名度和影响力仅局限于本城市、本行业。博物馆志愿服务工作"品牌化"，是实现志愿精神的传播和志愿价值"溢出效应"最大化的必由之路；是有效提高社会公众满意度，实现公益性价值目标的有效手段；是提高社会关注度，获取更多社会资源支持的重要方式；是推动博物馆志愿服务工作不断向着更高水平、更高追求发展的必然方向；是进一步完善公共文化服务体系，构建和谐社会的战略要求。[7]

三、新常态下博物馆志愿服务品牌建设的实施路径

打造具有较高知名度、美誉度、认可度的博物馆志愿服务品牌是一项长期的系统工程，需要通过不断加强品牌设计、志愿者队伍建设、完善志愿服务机制、创新志愿服务模式、加大宣传力度，才能焕发勃勃生机。

1. 以公众文化需求为导向设计志愿服务品牌

新常态背景下，广大人民群众物质生活条件不断改善，对精神文化生活的需求迅速增加，越来越多的社会公众对博物馆事业发展寄予了殷切希望。博物馆作为公共文化服务机构，为公众服务是最基本的社会功能之一，公众的需求引领着博物馆工作的发展方向。博物馆作为开展志愿活动和志愿服务的重要阵地，为实现博物馆社会功能最大化，应把面向公众、服务社会摆在首位，充分利用博物馆资源服务大众的需求，发挥博物馆作为保障人民群众基本文化权益重要阵地的作用，将博物馆的文化关怀送到人民群众尤其是特殊群体的身边，更好地促进广大人民群众均等共享文化资源。应及时准确了解和掌握社会公众的文化需求，面向各界、扎根基层，结合博物馆的藏品资源优势，注重品牌构思与策划，根据公众的特点、需求量身定制特色品牌活动。通过对公众需求、类别的细分，力争将志愿服务品牌做成有特色、有影响、有成效、受欢迎的为民服务品牌。通过打造响亮的服务品牌，提供优质的文化志愿服务，发挥文化志愿服务在构建现代公共文化服务体系中的重要作用。

青岛市博物馆积极推进志愿服务品牌建设，依托志愿者团队的力量，齐力打造了"真情传博万里行"志愿服务总品牌，并围绕总品牌创建了针对大、中、小学生的"千古探秘校园行"、针对老年人的"牵手夕阳红"和针对残障人士的"文化暖心田"等系列子品牌，志愿服务品牌活动的开展缓解了基层群众文化需求与公共文化供给不足之间的矛盾，深受基层群众的欢迎和喜爱，基层群众对文化生活的满意度日益提升。

2. 加强志愿者队伍建设，提升志愿服务品牌影响力

博物馆志愿者是弘扬中华优秀传统文化的重要力量，是文化惠民、服务百姓的重要参与者，是博物馆志愿服务品牌的建设者。提升博物馆志愿服务品牌影响力，需要着力打造一支学习型、知识型、专业型、服务型的博物馆志愿者队伍，从而实现品牌品质的保障。针对多元的文化需求，志愿者队伍的知识结构和年龄层次也应多样化，通过定期招募、考核和培训组建一支知识结构丰富、年龄结构合理、可满足多样文化服务需求的志愿者队伍。志愿者来自各行各业，各有所长，但对博物馆的业务工作仅仅是有所了解，无法做到熟悉精通。因而，对志愿者的培训工作就显得尤为重要。对于即将上岗的志愿者，博物馆应当给予及时、系统的培训，帮助他们适应博物馆的运行方式和工作规则，提高志愿

者的综合素质，保证志愿服务质量。应结合博物馆具体情况，根据志愿服务岗位需要，制定高效的志愿者培训计划，以提高志愿者的综合素质和专业水平，包括岗前培训、在岗培训和专业培训等。定期组织开展志愿者沙龙、外出参观、座谈交流、专题研习等活动，为志愿者们提供相互学习交流的机会。应根据志愿者的年龄、文化层次、个人专长、知识背景和社会工作经验，结合个人意愿对志愿服务岗位进行规划。本着人尽其才、物尽其用的原则，尽可能地使志愿者的个人期望与实际需求有机地结合起来，最大程度地发挥志愿者的特长，调动志愿者为社会公众提供服务、知识和专业技能的积极性和主动性，使其在自身价值得以实现的同时，塑造博物馆志愿服务的品牌形象。为调动志愿者自我管理的积极性、推动志愿者队伍的建设和发展，青岛市博物馆与国内很多博物馆都成立了志愿者工作委员会，负责志愿者队伍的日常管理工作，通过志愿者们的不懈努力，志愿服务品牌的影响力得到显著提升。

3. 完善志愿服务机制，为志愿服务品牌建设提供有力保障

建立和完善志愿服务机制是提高志愿服务科学化、规范化、专业化和社会化水平的需要，是志愿者追求自我价值与社会价值认可的需要，是提高志愿者服务积极性和保持队伍稳定性的需要。要使博物馆志愿服务品牌屹然不倒，志愿服务长期有效地开展，建立有效可行的志愿服务机制就格外关键。[8]为加强文化志愿服务制度化建设、建立健全志愿服务机制，国家和地方层面相继出台相关政策和措施，以规范和促进志愿服务事业发展。博物馆应依据相关政策，明确志愿服务的基本原则、确定志愿者权利义务、完善志愿服务的工作机制和管理制度，提升志愿服务品牌的知名度、营造浓厚的志愿服务氛围、吸引更多专业人才加入志愿者队伍。[9]应在规范志愿者注册管理制度，健全志愿者学习培训制度，完善志愿服务激励机制，强化志愿服务保障机制，推动志愿服务制度化、规范化、常态化等方面采取措施[10]，使志愿者队伍整体素质得到全面提高。博物馆应对志愿者的支持与贡献予以表扬和精神奖励，对具有一定专业和学术背景的志愿者尽可能开放博物馆各类资源[11]，鼓励志愿者以更大的工作热情融入到博物馆各项工作中。青岛市博物馆在完善志愿服务机制的同时，尊重志愿者的辛勤劳动，为志愿者们创造温馨和谐的工作氛围，周到而又人性化的关怀使志愿者在为社会奉献的同时感受到了来自博物馆的温暖和认同，极大地激发了志愿者们内在的潜能和服务热情。

4. 创新志愿服务模式，促进志愿服务品牌长效发展

促进志愿服务品牌长效发展，要找"创新点"促突破。除开展阵地志愿服务外，还应积极拓展服务领域，将品牌志愿服务活动推广到社区、学校、军营、工地、乡村等地，运用社会公众喜闻乐见的方式，搭建社会公众便于参与的平台，提供社会公众乐于参与的文化活动，将中国传统文化和博物馆的人文关怀送到社会公众尤其是特殊群体的身边，切实保障人民群众均等、便利地共享文化福利。博物馆志愿者们打破以往以看和听为主的流动博物馆进基层传统展示模式，将灵活多样、参与性强、高科技与传统文化相结合的互动体验、情景式社会教育活动、历史短剧展演等丰富多彩的志愿服务品牌项目送到百姓身边，让博物馆志愿服务品牌活动走进公众视野，让中国优秀传统文化真正贴近大众、走近百姓生活，实现文化服务与群众文化需求的有效对接，切实保障人民群众基本文化权益。转变传统的服务模式是提高志愿服务的有效措施，开展"菜单式"志愿服务，将博物馆志愿服务品牌项目从线下"搬到"线上，供市民、团体、社区、学校、部队和企事业等单位选择，线上下单，线下服务，采用"你点我供"的方式，将"文化产品"送到百姓身边。为实现公共文化权益的均等化，青岛市博物馆主动搭建志愿服务公众平台，通过与有关部门取得联系，了解困难群众的基本信息，通过拨打电话、上门、网络等渠道，将文化菜单重点送到空巢老人、留守儿童、困难职工、残疾人等特殊群体手中，通过面对面、心贴心的精细化运作模式，实现志愿服务的供需对接，推进博物馆志愿服务品牌建设。青岛市博物馆创新志愿服务模式，利用本馆官方微信平台，开办"公益文化淘宝店"，提供多种文化套餐供社会公众选择。志愿服务由馆舍天地走向大千世界，志愿者们根据订单要求和特殊群体的需求，走基层、到一线，将承载历史的图片、见证历史的文物、记录历史的文字送到百姓身边，以文化志愿者的力量担当起传承优秀文化、展示城市精神的重任，赢得了社会公众的一致赞誉。

5. 加大宣传力度，提升志愿服务品牌的社会认可度

近年来，志愿服务在博物馆行业得到了快速发展，但社会公众对志愿服务的认可度仍有待进一步提升。加大博物馆志愿服务品牌的宣传力度，可以进一步提升文化志愿服务在社会公众中的知晓度、传播度，进而提升社会公众对博物馆志愿服务的认可度。社会认可度的高低对志愿品牌建设具有重要意义，直

接影响志愿服务效果，关乎志愿者队伍的稳定和志愿服务品牌的发展。[12]志愿者走进博物馆是基于爱心和责任，自愿为社会和他人提供服务和帮助，其行为实质是回馈社会，为社会提供服务。志愿者不图物质上的回报，崇尚的是精神层面的满足，社会公众的赞同和认可是对志愿者最大的精神勉励，如果这一条件得以实现，志愿者的心理收益和精神需求就可以得到有效的满足，他们践行志愿精神、提供志愿服务的积极性和主动性就会大大提高。[13]博物馆应对志愿服务品牌进行主动包装推介，充分发挥新闻媒体传播的主渠道作用，充分利用报刊、电视等传统媒体和网络、手机、微博、微信等新兴媒体传播速度快、受众范围广的特点，以"传统媒体＋新兴媒体"的"全媒体宣传"方式开展志愿服务工作的宣传。还应积极挖掘和宣传志愿服务品牌活动的有效经验、优秀志愿者及志愿团队感人事迹，进行系列深度报道；组织开展志愿服务评优、推优工作，用榜样的力量吸引和感召更多的人加入博物馆志愿服务行列；积极向中国文明网、《志愿者专刊》等宣传平台报送志愿服务信息；开辟专栏、专刊展示志愿者风采，扩大博物馆志愿服务工作的社会影响。青岛市博物馆积极利用"全媒体宣传"渠道，打好宣传推广组合拳，全方位展示志愿者个人和团队风采。宣传和展示是对志愿者辛勤工作的充分肯定，同时也促进了志愿服务质量的不断提升、志愿者队伍的日益壮大，以及志愿服务品牌社会影响力的与日俱增。

四、结语

志愿者是博物馆发展的重要社会助推力量，为博物馆事业的可持续发展注入了生机和活力。志愿者们饱含对传统文化的深厚感情，传承多元文化，担当历史使命，扩展了博物馆服务社会的功能与半径。近年来，通过博物馆搭建的平台，公众参与志愿服务的意识逐渐增强，志愿者队伍日益壮大，志愿服务的领域不断拓展，博物馆志愿服务工作日益精进。在全社会弘扬志愿服务主旋律的今天，在全面开创志愿服务点亮核心价值观的新时代，博物馆应进一步加强志愿服务品牌的建设与传播，充分发挥志愿服务品牌效应，吸引和带动越来越多的人参与博物馆志愿服务工作，使到博物馆参加志愿服务成为人们精神生活的"新常态"，为实现中华民族伟大复兴的中国梦汇聚磅礴力量！

参考文献:

〔1〕　中央精神文明建设指导委员会印发《关于推进志愿服务制度化的意见》，2014 年 2 月 26 日。

〔2〕　《文化部、文物局、中国科协有关负责人谈落实〈关于公共文化设施开展学雷锋志愿服务的实施意见〉》，http://www.gov.cn/xinwen/2016-12/05/content_5143505.htm，2016 年 12 月 5 日。

〔3〕　孙晓燕：《山东省服务品牌发展困境及对策》，《商业时代》2014 年第 22 期。

〔4〕　《志愿服务组织的品牌战略与形象塑造》，http://shx.wenming.cn/zyfw/zywh/201607/t20160706_3535019.shtml，2016 年 7 月 6 日。

〔5〕　黄俊：《公共图书馆打造读者服务品牌的实践与思考——以江西公共图书馆为例》，《图书馆研究》2014 年第 1 期。

〔6〕　张祖冲：《志愿精神中志愿者责任意识的培育研究》，上海大学博士学位论文，2016 年。

〔7〕　李蓉、赵康、李晶晶：《大学生志愿服务品牌化探究》，《合作经济与科技》2016 年第 1 期。

〔8〕　王英群：《志愿服务靠自觉也要靠激励》，《中国文化报》2010 年 7 月 8 日，第 7 版。

〔9〕　丁若虹：《搭建文化志愿服务平台　打造公共图书馆特色志愿服务品牌——以河北省图书馆开展志愿服务活动为例》，《图书馆理论与实践》2017 年第 4 期。

〔10〕　《浙江省推进志愿服务制度化》，http://www.zjgrrb.com/zjzgol/system/2014/04/22/017901790.shtml，2014 年 4 月 22 日。

〔11〕　《文化部、文物局、中国科协有关负责人谈落实〈关于公共文化设施开展学雷锋志愿服务的实施意见〉》，http://www.gov.cn/xinwen/2016-12/05/content_5143505.htm，2016 年 12 月 5 日。

〔12〕　李俊国：《浅析如何提高志愿服务的社会认可度》，《管理观察》2012 年第 27 期。

〔13〕　王英群：《志愿服务靠自觉也要靠激励》，《中国文化报》2010 年 7 月 8 日，第 7 版。

简述沈阳故宫博物院志愿者队伍的组建与管理

沈阳故宫博物院

曾阳　齐赛昱

摘要： 20世纪70年代产生的新博物馆学要求现代博物馆将从对"物"的关注转移到对"社会"的关注中，重视社区文化服务，将其作为博物馆工作的中心问题。因此，提升博物馆公众服务成了各大博物馆工作的重中之重，"志愿者"因此也成为博物馆中至关重要的角色。沈阳故宫博物院近年来在实践中不断探索，为建立一支优秀的志愿者队伍进行了深入的研究，为弘扬志愿精神、传播故宫文化作出了巨大的贡献。笔者以沈阳故宫博物院志愿者队伍为例，对志愿者队伍现状、组建历程、管理模式等方面进行简述。

20 世纪 70 年代产生的新博物馆学要求现代博物馆将从对"物"的关注转移到对"社会"的关注中，重视社区文化服务，将其作为博物馆工作的中心问题。因此，提升博物馆公众服务成了各大博物馆工作的重中之重，"志愿者"因此也成为博物馆中至关重要的角色。沈阳故宫博物院近年来在实践中不断探索，为建立一支优秀的志愿者队伍进行了深入的研究，为弘扬志愿精神、传播故宫文化作出了巨大的贡献。笔者就沈阳故宫博物院志愿者团队的组建、管理等方面进行探究，不足之处，敬请各位专家学者批评指正。

一、沈阳故宫博物院志愿者团队基本情况

沈阳故宫博物院以志愿服务为宗旨，以传播历史文化为目标，以服务公众为己任，为增进沈阳故宫博物院与广大观众的联系与交流，增强博物馆的文化普及力度，促进博物馆的社会化服务，于 2014 年 4 月 10 日首次面向社会公开招募志愿者，共有 500 名志愿者经过精心准备通过面试，走上志愿服务岗位。截至目前，沈阳故宫博物院志愿者团队包括社会志愿者 150 人、高校志愿者 250 人、小小志愿者 100 人，累计 13124 人次提供了 40469.5 小时的志愿服务。3 年来，博物院认真开展各项志愿服务工作，取得了极大的社会反响。2014 年，沈阳故宫博物院由志愿者参与的"流动博物馆"项目被辽宁省文化厅评为"优秀项目奖"。2017 年 3 月，沈阳市委宣传部、沈阳市文明办授予沈阳故宫博物院志愿服务组织"2016 年度学雷锋最佳志愿服务组织"称号。

二、沈阳故宫博物院志愿者队伍的组建与发展

招募志愿者是建立志愿者团队的前提，因此，这一环节至关重要。沈阳故宫博物院开展志愿者工作，最早是在 2000 年，当时第一批志愿者是定向招募的，均来自辽宁大学历史系，这是一群充满朝气的大学生，由于他们具有一定的历史学基础，来博物馆做志愿工作正好能够发挥他们的专长。大学生的特点是精力充沛，接受新知识快，并且具有一定的专业基础，通过多年的努力，他们的工作得到了社会的认可，也切实为博物馆社会教育工作提供了有益的补充。但在合作的过程中也出现了一些问题。如由于大学生平时有繁重的课业负担，来博物馆服务的时间只能安排在双休日；寒暑假很多同学还要回家，不能够来博

物馆服务；学生们没有经济收入，而来博物馆服务所必须支付的交通费和午餐费难以自己解决；学生流动频繁，自觉性差，日常管理不尽如人意。鉴于此种情况，沈阳故宫博物院在 2014 年初作出决定，不再按原有方式单一培训和使用大学生志愿者。那么，要想进一步提升沈阳故宫博物院的服务，仅利用本院现有的人员是根本无法实现的，所以必须找到一个更适合的方式来解决这一问题。在白文煜院长的提议下，院领导班子经过反复研究，终于拿出了解决方案：面向社会公开招募志愿者。于是，2014 年 4 月 10 日，沈阳故宫博物院正式启动志愿者招募活动，分别通过沈阳故宫博物院网站、《辽沈晚报》《新北方》等媒介发布招募书，首次面向社会公开招募志愿者。招募书一发出，公布的热线电话就响起来，10 天的时间内，报名者超过千人，广大市民对此十分关注，并积极参与其中。所有咨询电话和到现场报名的人想了解的主要是工作内容、工作时间、素质要求等。没有人问及报酬问题，这令工作人员极为感动。本以为会就报酬问题要做很多解释工作，却没想到大家的素质如此之高。通过接听电话和接待现场报名者，发现有意来博物馆做志愿者的人员大都具有较高的文化修养和学历，其中不乏博士、硕士等，他们当中既有在校学生，也有公职人员，还有离退休赋闲的老者以及经济实力雄厚的商人。他们大都有着稳定的经济收入，来博物馆参加志愿工作完全凭着一颗火热的心。4 月 21 日起，工作人员对报名人员进行资格审核，初审未合格的，工作人员也以电话的形式解释了未合格的原因，并表达了沈阳故宫博物院的诚挚谢意。之后，利用两天的时间，社教部组织初审合格的 700 多名志愿者进行了现场面试，500 人通过面试成为沈阳故宫博物院的志愿者，严密、规范、高效的志愿者招募工作为博物院赢得了赞誉。

经过两年的时间，志愿服务工作的开展有条不紊。为了进一步扩大志愿者的招募范围，沈阳故宫博物院于 2016 年 3 月启动了小小志愿者的招募。小小志愿者年龄为 8-15 岁，均是来自沈阳市的中小学生。目前，小小志愿者不但在志愿服务中使自身得到了提升，而且这支队伍也成为博物院社会教育工作的一大亮点。

三、沈阳故宫博物院志愿者队伍的管理

1. 完善志愿者管理制度，统一形象，保持团队运行的良好秩序

为使志愿者管理工作正规化、组织化、规范化，博物院要求社会教育部管理人员深入学习研究中国国家博物馆、故宫博物院、辽宁省博物馆等博物馆志愿者管理方面的经验，确保志愿者管理工作的高起点、高标准，并结合本院实际，制定了《沈阳故宫博物院志愿者管理章程》《沈阳故宫博物院志愿讲解工作管理细则》《沈阳故宫博物院志愿者礼仪规范》等规章制度，规范了志愿者招募、培训、上岗、考核、退出、激励等各项工作，为志愿者管理工作奠定了坚实的制度基础。

为加强志愿者的管理，沈阳故宫博物院还建立了相应的请假、退出、激励机制。如志愿者在预约后遇到特殊情况无法履约，可提前1天取消预约，如在履约当天发生特殊情况，确实无法履约的，可联系其他志愿者代替履约，但履约记录和服务时长将被记入实际服务的志愿者的档案之中。同时，为严肃志愿者的纪律，让志愿者更加珍惜自己的志愿者身份，博物院要求每名志愿者必须严格遵守《沈阳故宫博物院志愿者管理章程》，在退出志愿者组织后如若再次申请加入将会接受更为严格的审查，如果退出达到2次，博物院将不再接受该志愿者的入会申请。此外，博物院会根据志愿者每年度的服务时长和履约记录进行年度考核，从而判断志愿者是否合格，并评选出优秀志愿者、进行星级认定，在制度上保护志愿者的积极性。

为提高志愿者的积极性、荣誉感和对沈阳故宫的归属感，博物院邀请专业设计人员结合沈阳故宫特色，设计了沈阳故宫博物院志愿者团队标识，印制了志愿者服务手册，实行严格的志愿者登记制度。同时，在办公室紧缺的情况下，为志愿者开创了自己的阵地——志愿者之家。志愿者之家是属于志愿者的港湾，是供志愿者在志愿服务之余学习、休息的场所。为创造良好、温馨和积极向上的氛围，志愿者之家设置了志愿者书架、休息桌椅、饮水机等设施供志愿者使用。此外，为规范志愿者之家的使用，博物院还制定了志愿者之家的使用管理制度，并做到制度上墙，使每位志愿者都能清楚地知道志愿者之家的使用制度，营造良好的氛围。

2015年省文化厅下发《辽宁省文化厅关于推进文化志愿服务制度化常态

化的实施意见》后，沈阳故宫博物院积极推进"中国文化志愿者"标识的应用，制作了带有"中国文化志愿者"标识的会旗，在志愿者日常服务活动中使用的绶带和志愿者手册上增加了"中国文化志愿者"标识。

2. 规范管理，实现志愿者组织民主化运行

志愿服务工作是一项社会公益活动，志愿者有着依其自由意志与兴趣爱好而服务的特点，因而志愿者的管理不同于单位职工管理。沈阳故宫博物院充分考虑志愿者团队松散性、民主性等特点，采取了志愿者民主自治的管理办法，尽量减少志愿者组织管理过程中的行政化色彩。由于志愿者队伍的庞大，沈阳故宫博物院对志愿服务采取预约制，即志愿者根据个人时间安排，选择服务岗位和服务时长，并按照预约的岗位和时长来院提供志愿服务。博物院还对志愿者实行分块管理，将其划分为社会志愿者、高校志愿者和小小志愿者三部分。社会志愿者的年龄段为18-65周岁，现有150人，共分为5组，由志愿者担任小组组长，负责本组志愿者的预约工作；高校志愿者均为来自不同高校的在校大学生，目前沈阳故宫博物院与辽宁大学历史学院、沈阳医学院、沈阳大学应用技术学院、辽宁城市建设职业技术学院4所高校合作，共有志愿者250人，高校志愿者以学校为单位，由本校学生担任组长，负责本校志愿者预约工作；小小志愿者的年龄段为8-15周岁，现有100人，共分为5组，由小小志愿者家长担任组长，负责预约工作。通过这种方式，沈阳故宫博物院完全实现了志愿者自我管理和志愿者组织民主化运行。

3. 加强学习和培训，提高志愿者素质，适应志愿工作需要

为提高志愿者业务水平，提升志愿者服务形象，沈阳故宫博物院根据志愿服务工作的特点，要求全体志愿者除达到每年规定的服务次数和时间以外，还必须达到相应的培训时长。为此，沈阳故宫博物院每年为志愿者制订了10个课时的岗前培训课程，培训内容涉及沈阳故宫博物院院史、博物馆学基础、文物基础知识及志愿者礼仪等方面内容，以帮助志愿者更快地适应博物馆的各项业务工作。每年博物院还另外提供14堂公共培训课程，志愿者可根据自己的需要随时报名参与培训。此外，沈阳故宫博物院的所有学术会和讲座，志愿者均可以参与其中。有了这些培训助力，志愿者的综合素质得到了有效提高。

4. 结合实际，科学设置志愿服务岗位，全面提升沈阳故宫博物院服务质量

目前，全国大多数博物馆志愿者以提供讲解服务为主，而沈阳故宫博物院属遗址类博物馆，它的特定属性决定了志愿者仅提供讲解服务远远不能达到提升服务的目的。因此，根据工作实际需要，沈阳故宫博物院除设置了展厅讲解岗位以外，还设置了游客服务中心、志愿者服务岗亭、参观区秩序维护、问卷调查等多个服务、咨询类岗位供志愿者上岗服务。展厅讲解岗位分为两类，文物展厅讲解由社会志愿者承担，原状陈列展厅讲解由小小志愿者承担，为观众进行定时定点讲解。游客服务中心位于参观区外，志愿者为观众提供免费存包、无障碍设施（如轮椅、婴儿车等）租用、旅游线路咨询等便民服务。志愿者服务岗亭是游客进入沈阳故宫参观区后见到的的第一个志愿服务岗，这个岗位为观众提供免费问询服务，观众对沈阳故宫的一些疑问都可以在这里得到解答。秩序维护岗位分布在参观区内的每一个角落，志愿者们维持参观秩序，对观众的参观行为进行监督。问卷调查岗位的志愿者专门负责根据沈阳故宫博物院设计的各类调查问卷对观众进行问询记录，博物院依据调查问卷的各项数据整理出调查报告，用以深入了解观众对博物院的满意度和各项需求，便于提高博物院的公众服务水平。

同时，为保证志愿者讲解的规范性、科学性，博物院要求志愿者上岗讲解前需参加相应的考核，志愿者讲解考核工作由社会教育部会同院内相关业务部门共同进行。

5. 激励表彰，实行星级认证制度，调动志愿者志愿服务积极性

为激发志愿者们志愿服务的热情，沈阳故宫博物院建立了较完善的激励表彰机制。博物院根据志愿者的服务时间实行星级认证制度，志愿者根据所获星级佩戴相应标志。志愿者服务时间全年累计达到 25 次、72 小时，经考核认证，取得下一年度志愿者资格的，被认定为"一星志愿者"；志愿者服务时间满两年累计达到 50 次、144 小时，经考核认证，取得下一年度志愿者资格的，被认定为"二星志愿者"；志愿者服务时间满三年累计达到 75 次、216 小时，经考核认证，取得下一年志愿者资格的，被认定为"三星志愿者"；志愿者服务时间满四年累计达到 100 次、288 小时，经考核认证，取得下一年度志愿者资格的，被认定为"四星志愿者"；志愿者服务时间满五年累计达到 125 次、360 小时，经考核认证，取得下一年度志愿者资格的，被认定为"五星志愿者"。此外，沈阳故宫博物院每年都会召开志愿者表彰大会，对志愿者进行奖励和表

彰，每年都会评选出"优秀志愿者""特殊贡献奖"和"优秀组织奖"，为获奖人员和组织单位颁发证书和本院的文创产品以资鼓励。

6. 开阔视野，开展多种志愿者活动，增强志愿者团队的内在凝聚力

志愿服务是一项崇高、神圣的事业。为体现志愿者工作的崇高性、神圣性，扩大沈阳故宫博物院志愿者的社会影响力，推动博物院志愿服务工作健康稳定发展，每年5月18日即国际博物馆日，博物院都会举行志愿者宣誓上岗仪式。仪式当天，500名志愿者均穿着统一红色T恤悉数到场，进行庄严宣誓。同时，博物院还会邀请志愿者进行诗歌朗诵、担任主持等工作，以此作为成为沈阳故宫博物院志愿者最好的纪念。

自2014年7月开始，沈阳故宫博物院组织志愿者开展流动博物馆活动。志愿者们利用PPT和展板展示沈阳故宫的历史文化。截至目前，流动博物馆先后走进106个社区、105所学校、25所部队12个村镇、7所幼儿园、2家福利院、2家企事业单位和1个戒毒所，完成流动宣讲585场。流动博物馆已成为沈阳故宫博物院志愿者服务工作的一项常规性活动，并成为沈阳市文化传播的品牌活动。

为使志愿者开拓视野，拓宽知识面，沈阳故宫博物院定期组织志愿者到各大博物馆交流学习，先后走进沈阳工业博物馆、沈阳城市规划展示馆、辽宁省博物馆、沈阳海关关史陈列馆。

为增强志愿者队伍凝聚力，社会教育部定期举办志愿者座谈会，通过现场交流的形式，听取志愿者们对博物院各项工作的意见和建议。此外，社会教育部还会创造机会组织志愿者与其他博物馆的志愿者进行座谈交流，相互取长补短，共同进步。

沈阳故宫博物院开展的各项志愿活动引来了《中国文物报》《沈阳新闻》《辽沈晚报》、凤凰网等多家媒体的关注，媒体从不同角度予以报道，进一步弘扬无私奉献的志愿服务精神，传递关爱他人、服务社会的正能量，同时也增加了志愿者们"赠人玫瑰手有余香"的自豪感。

综上所述，志愿者队伍的组建对于提升博物馆公众服务有着非常积极的促进作用。然而，志愿者的管理工作则是一项系统而庞杂的工作，为规范志愿者的各项工作，沈阳故宫博物院进行了充分而缜密的思考，在具体工作的落实上狠下功夫，真正将志愿者的管理工作落到实处，充分发挥了志愿者的积极性，扩大了博物馆志愿者服务的社会影响力。

博物馆志愿者队伍建设中的问题及对策

——以旅顺博物馆为例

王静　旅顺博物馆

摘要： 旅顺博物馆历经百年沧桑的洗礼——日本殖民统治下的建馆、前苏联的暂管、中国政府的管理，于1951年1月29日荣誉回归。旅顺博物馆分馆、主馆相继于2009年和2013年免费向社会公众开放。旅顺博物馆志愿者队伍起步于20世纪90年代，近两年，志愿者工作发展迅速，但不免遇到诸多问题，这也是现在多数博物馆志愿者队伍在建设中所遇到的常见问题。旅博也将在问题中尝试找寻解决方案，并为壮大志愿者团队打下坚实的基础。

2007 年 8 月 24 日，国际博物馆协会在维也纳召开的全体大会通过了经修改的《国际博物馆协会章程》。章程对博物馆定义进行了修订。修订后的定义是：博物馆是一个为社会及其发展服务的、向公众开放的非营利性常设机构，为教育、研究、欣赏的目的征集、保护、研究、传播并展出人类及人类环境的物质及非物质遗产。

志愿者是指不为物质报酬，基于良心和责任，自愿为社会和他人提供服务和帮助的人。其实质是回馈社会，为社会提供服务，体现"奉献、友爱、互助、进步"的精神。[1]

一、旅顺博物馆基本馆情

旅顺博物馆坐落于大连市旅顺口区，是一座有着百年历史并享有国际声誉的历史艺术类博物馆，其前身为日本殖民统治旅大时期始建于 1915 年的满蒙物产陈列所。整个博物馆历经了沙俄奠基、日本建馆、前苏联暂管和中国政府收回等历史阶段，可谓是近代中国、特别是东北、大连近代史的一个缩影，现为国家级重点文物保护单位、国家一级博物馆。旅顺博物馆藏品达 6 万余件，以大连地区考古出土文物、古丝绸之路文物及中外传世的历史艺术类文物为主体。

1. **基本服务项目健全**。2009 年、2013 年，旅顺博物馆分馆、主馆相继免费向社会公众开放，在主馆、分馆配备了完善的服务项目，包括：为老年人、残疾人及婴幼儿提供轮椅和婴儿车；设有存包处，为观众提供寄存服务；观众服务台设有医药箱，提供基本的应急药物及用品；馆内大厅及展室内放置休息椅；一楼大厅内设有参观导览图，方便观众掌握参观路线；同时，为观众提供各种免费参观资料，使观众及时了解旅顺博物馆举办的展览情况。此外，在观众服务台还设有"观众意见簿"，观众可以将对旅顺博物馆的展览、参观环境、服务情况等的意见和建议写在上面，馆内工作人员会及时将观众的意见和建议反馈给馆领导及相关负责部门，并迅速改正问题。

2. **馆内建有"学雷锋志愿服务站"，为观众提供各种志愿服务**。旅顺博物馆志愿者团队现拥有志愿者虽不足百人，但这些志愿者活跃在旅顺博物馆的各个岗位，为观众提供多种志愿服务，包括为观众提供志愿讲解，在观众服务台回答观众提出的问题，向观众发放各种展览宣传材料，发放和整理观众调查问卷，在参观高峰时段疏导观众、引导观众有序参观，参与教育推广活动筹备与组织等工作。

二、旅顺博物馆志愿者工作状况

旅顺博物馆志愿者工作起步于 20 世纪 90 年代。2009 年，旅顺博物馆加入了中国博物馆协会志愿者工作委员会，在委员会的指导下，旅顺博物馆志愿者工作发展迅速。博物馆制定了《旅顺博物馆志愿者章程》，明确了志愿者的职责等。宣教部设专人管理志愿者工作，同时设志愿者联络人，负责日常与志愿者的联络工作，建立志愿者的微信群、QQ 群，随时与志愿者沟通，解决志愿者在培训及工作中所遇到的各种问题。《旅顺博物馆志愿者章程》规定：志愿者月平均服务时间不得低于 5 小时（或年服务时间不低于 60 小时）；采用星级评选标准，于年底总结会为达到一定服务时间并且表现优异的志愿者颁发星级证书。

一方面，从 2014 年至今，志愿者常年正式服务人数不超过 50 人。2015 年，旅顺博物馆与大连外国语大学汉学院签订合作计划，有 20 余名大学生参与旅博志愿者服务。另一方面，随着博物馆的免费开放，观众量剧增，去年一年参观总人数已达 90 多万人，馆内一线讲解员数量远远满足不了观众需求，所以我们急需发挥志愿者的作用，加强志愿者队伍的建设工作迫在眉睫。

2016 年和 2017 年是旅顺博物馆志愿者队伍建设大发展的两年，但其中也存在一些问题，笔者以这两年为例，就发展中遇到的问题进行分析，并提出解决方法。

1. 2016-2017 年志愿者招募及服务情况

（1）旅顺博物馆 2016 年 3 月向社会招募志愿者共 125 人。其中高校学生 66 人，企业单位员工 34 人，事业单位员工 19 人，军人 5 人，退休人员 1 人。

从 2016 年 5 月 1 日到 12 月 31 日，坚持服务的有 36 人。其中高校学生 19 人，企业单位员工 8 人，事业单位员工 6 人，军人 3 人（见表 1）。

（2）旅顺博物馆 2017 年 3 月向社会招募志愿者共 94 人。其中高校学生 58 人，企业单位员工 15 人，事业单位员工 4 人，自由职业者 7 人，退休人员 10 人。

从 2017 年 5 月 1 日到目前为止，坚持服务的有 32 人。其中高校学生 27 人，企业单位员工 1 人，事业单位员工 1 人，自由职业者 2 人，退休人员 1 人（见表 2）。

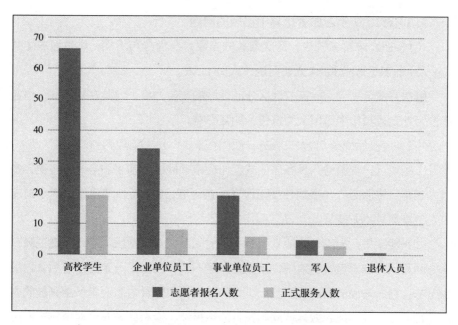

表 1　2016 年旅顺博物馆志愿者招募及服务情况柱状图

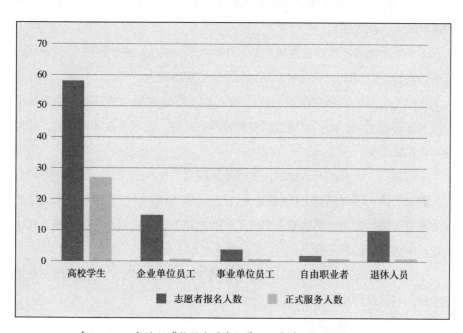

表 2　2017 年旅顺博物馆志愿者招募及服务情况柱状图

2. 2016-2017 年志愿者招募中出现的问题

（1）社会志愿者较少。两次招募的志愿者身份分布不均，学生居多（共124人），其他职业共84人，而退休人员11人。

解决方法：加大对除高校地区外的地域的宣传力度。尤其在社区、企事业单位等社会人员集中区域大力宣传，加强影响。

（2）考核后尚有73人未服务，原因在于：

①距离远。现服务人员多居住或工作在旅顺地区，前来服务比较方便，多数为学生。未服务人员多居住或工作在大连区域，距离远（车程为1.5小时左右），交通并不方便。

②兴趣缺失。大部分志愿者服务一定时间后，对志愿服务活动兴趣锐减，一方面是因为志愿者本身对博物馆文物兴趣不大，在有了一定的了解后认为枯燥乏味，另一方面的原因在于我们工作的缺失，未能针对志愿者所感兴趣的方面进行回馈，或不能有效地调动志愿者的积极性，没有使志愿者对博物馆产生归属感。

（3）志愿者流失量大。从报名人数和后期正式服务人数的对比来看，前后差异较大，原因在于：

①多数志愿者不能真正理解志愿工作所代表的含义，未能理解"无私奉献"的精神内涵，心理预期与现实情况有偏差，心理落差大。

②满足心理需求后主动退出。[2]有一些志愿者抱着一些并不正确的观点来报名志愿者活动。他们对博物馆有着强烈的好奇，在好奇心被满足后，就会退出志愿者活动。

③因某些个人原因无法继续正常服务后退出。

解决方法：①在招募工作初期，做好宣传等工作。让报名者能更准确地理解志愿者工作，如旅顺博物馆志愿者工作的内容等，通过网站、微信等方式让大众理解志愿者的真正涵义。

②对应聘志愿者严格把关，借鉴其他博物馆的工作方式，增加笔试、面试等考核内容，以防滥竽充数。

三、志愿者正式服务过程中出现的和需解决的问题及解决方法

1. 服务质量不高，死记硬背讲解词

旅顺博物馆志愿者的工作内容主要为讲解工作，在工作过程中会出现讲解内容不熟练的状况，初期经常出现志愿者在服务时间前临时背诵讲解词等现象。这主要由两个原因造成：

（1）志愿者对志愿活动不够重视，或难以理解讲解内容。

（2）在考核过程中，我们对志愿者没有严格把关，造成志愿者在未完全掌握讲解内容时就得到允许上岗。

2. 单人服务时间偏低

截至 2016 年 12 月 31 日，当年所有志愿者累计服务总时长为 850.2 小时，平均每人服务时长为 36.97 小时。每人每月平均服务时长为 5.75 个小时，但这是因为个别积极志愿者的服务时长拉高了人均服务时长，其实一半以上志愿者并未达到平均每月服务至少 5 小时的要求。

2017 年，截至 8 月 15 日，共 38 名志愿者累计服务总时长为 576 小时，平均每人服务时长约为 15.16 小时。

3. 寒暑假的志愿者服务处于空白状态

由于学生志愿者人数居多，因此在寒暑假学生放假期间，服务的志愿者人数减少。

解决方法：①招募对象以在本地长期工作、生活的人员为主。以热爱博物馆工作的人员为优先录取对象。

②旅顺博物馆从 2016 年起，将暑期小小讲解员夏令营培养出的小讲解员加入我们的志愿者团队。2016 年及 2017 年暑假期间，共有 50 余名旅顺当地的小学生加入小志愿者团队，利用假期时间为观众服务累计超过 450 个小时，并且队伍从原本的登峰小学、光荣小学两所小学的学生扩大至包含九三小学、大华小学、旅顺开发区实验小学等多所小学的学生。有些小志愿者由于服务时间较长，在短短的时间内除能熟练讲解自己负责的展厅外，还能串讲其他展厅，讲解效果不错，得到广泛好评。

③另外从 2017 年起，为应对志愿人员短缺及志愿者流失严重的状况，在短期临时展览开展前，旅顺博物馆面向社会招募对展览感兴趣的志愿者。招募临时展志愿者是旅顺博物馆结合自身展览状况和实际需求所必然迈出的重要一步。从 2017 年 1 月开始到目前为止，旅顺博物馆临时展览志愿者共招募了 4 批，报名人数 81 人，正式服务 28 人，累计服务时间 448 小时，人均服务时间 16 小时。

4. 现旅顺博物馆志愿者服务内容以讲解和参与学生活动为主，讲解工作中遇到的问题主要为主动听讲解的观众少，一方面观众不知道有志愿者可以提供讲解，另一方面观众在展室内无法准确地找到志愿者。

解决方法： ①加大对馆内志愿者的宣传力度，通过宣传栏、微信、官方网站等媒介对外宣传。对于表现优秀的志愿者，我们在媒体上大力宣传，如 2017 年 4 月，我馆大学生志愿者辽宁师范大学考古与文博系大三学生赵思满同学就接受了《大连日报》记者的采访，新华网辽宁频道转载刊登。

②配备学雷锋服务站和志愿者活动室，让观众可快速准确了解志愿者动向。同时配给志愿者服装等明显标志物，使观众可以在展室内更快找到服务的志愿者。

5. 志愿者影响力小。

现有的志愿者人员以学生和企事业单位人员为主，其他社会人员较少，了解旅顺博物馆的人员还是限于小范围内，其影响力太小。

解决方法： 通过各种渠道大力宣传博物馆的志愿服务，如在微博、微信等网络平台宣传志愿者故事，让更多的观众了解志愿者，从而进一步了解博物馆，也可通过志愿者宣传博物馆志愿服务内容。

6. 考核后服务人数减少，长时间后志愿者服务热情减弱，出现志愿者大量流失的状况。

解决方法： ①博物馆应长期不定时地开展志愿者活动，了解志愿者对博物馆哪些方面感兴趣，在合理可行的范围内通过活动使志愿者情绪高涨。如 2016 年中秋节时，旅顺博物馆举办了一场"中秋志愿者茶话会"，以茶话会的形式让志愿者们在中秋"回家"团圆，同时交流志愿者工作中的问题与感受，现场反应热烈，回馈效果明显。

②形成团体系统，对志愿者进行系统管理，先以馆内人员为管理者，逐步放开，最后形成志愿者自行管理体系，建立志愿者交流通道，以 QQ 群、微信群等方式与志愿者沟通交流。

③因现有条件的约束，志愿者服务时间跨度长，导致服务热情逐渐消散。应修改志愿服务时间跨度，以一个季度为时间限制（如一个季度不低于 30 小时）。同时，对志愿者工作应严格要求，避免志愿者出现混时间的现象，应让志愿者进入展室内进行服务。

7. 需要累计服务人数。

为了更好地统计志愿者的服务人数，可以让志愿者在每次服务结束后进行登记，记录服务时间、服务人数、服务内容，以便掌握每一阶段志愿者工作情况。

8. 需要观众意见反馈。

设立《志愿服务观众意见簿》，邀请观众填写意见簿，对志愿者服务进行打分，同时填写意见及建议，根据观众的合理意见不断改进志愿者工作。

9. 当客流量较小时，志愿者来到博物馆却没有服务的机会，只能在休息区消磨时间。随着旅游淡季的到来，这种现象会加剧。

解决方法： 在旅游淡季，将志愿者的全天服务改为上午服务。因我馆馆情为淡季客流高峰多集中于上午时段，这样做可减少无对象服务的现象。

10. 旅顺博物馆志愿者团队中，大学生志愿者是中坚力量，但大学生志愿者的工作中也有大量问题存在：

（1）大学生志愿者的工作热情随着时间推移逐渐减少。

（2）大学生志愿者自我约束力弱，或带着很强的目的性前来，如需要博物馆为其开具社会实践或实习证明等，或是学校强制性要求学生前来服务。

出现上述问题的原因在于这些大学生中很多是外地人，流动性大，他们没有固定组织的维系，只靠自己的兴趣到博物馆进行志愿者服务，同时对志愿者的工作涵义不明确，不能正确理解志愿者所代表的意义，缺乏无私奉献的精神和热情坚持的品格，自我锻炼意识不强，团队协作沟通能力差。

解决方法： 鉴于以上在大学生志愿者的工作中出现的问题，我们根据实际情况，在举办社教活动的过程中，利用大学生知识储备水平高和接受能力强的特点，让这些志愿者参与其中。如2016年举办的"旅顺博物馆'七彩暑假系列'——百变折纸"活动，在前期准备中，有多名大学生志愿者参与，他们学会了折纸方式，在活动中帮助工作人员完成活动。

从港台和国外的经验来看，博物馆志愿者本身并不是独立的，他们多数是博物馆之友组织成员（成为博物馆之友的人都要交纳一定会费，填写一些博物馆用于联系他们的个人详细资料），[3]组织严谨，甄选过程繁复而严格，从而志愿者的服务质量也可想而知。而旅顺博物馆目前的招募过程比较简单，公众通过电话报名、现场报名等方式，填写报名表后，博物馆告知其考核内容，前期举行三次培训后就对报名者进行考核，考核通过后即可上岗。与其他博物馆相比，过程过于简单，同时也不能有效挑选出真正乐于奉献的志愿者，使得志愿者队伍基数虽然很大，但之后真正坚持服务的志愿者很少。因此严格把控招募过程，才能组建高素质高质量的志愿者队伍。

四、结语

博物馆的志愿者无论对博物馆还是对社会而言，都是不可或缺的重要力量，这是传统美德与现代文明的结合，也是整个社会经济发展和社会进步的产物，因此扩大与稳固博物馆志愿者队伍不仅是旅顺博物馆的重任，也是全中国博物馆的重任。旅顺博物馆将加强管理，总结经验，使志愿者的工作机制不断完善，队伍逐步壮大，更好地服务人民，服务社会，使得博物馆志愿者们更为广大群众熟知，为社会贡献他们的绵薄之力。

注释：

〔1〕　蓝国英、杨岭：《试论我国博物馆的志愿者活动》，《东方博物》2006年第3期。

〔2〕　樊荣：《浅谈如何建立合理的激励制度避免博物馆志愿者的流失——以辽宁省博物馆志愿者为例》，《辽宁省博物馆馆刊》，2014年。

〔3〕　史吉祥、郭富纯：《2002：博物馆公众研究——以旅顺日俄监狱旧址博物馆为例》，吉林人民出版社，2003年。

西汉南越王博物馆志愿者队伍二十年发展历程

西汉南越王博物馆

霍雨丰

摘要：西汉南越王博物馆和志愿者一起走过的 20 年是博物馆飞速发展的重要时期，西汉南越王博物馆所取得的成绩和志愿者们密不可分。随着博物馆各项工作突飞猛进，志愿者队伍已经发展成由学生志愿者、社会志愿者和小志愿者三部分组成的庞大队伍，在宣教部工作人员的带领下，参与了宣教、陈列、保管等各项工作，并在讲解、送展、教育活动、宣传等方面发挥着重要作用。

一、萌芽篇（1997-2000 年）

　　1996 年 4 月 26 日，由共青团中央和全国学联发起的大学生志愿讲解活动在全国博物馆和爱国主义教育基地正式启动，可以说是国内各大博物馆志愿者工作的起步时间。就南方地区而言，西汉南越王博物馆的志愿者工作开展得最早，为响应团中央的号召和探索新形势下博物馆工作的发展之路，我馆在 1996 年底便开始着手志愿者的招募工作，首先与中山大学人类学系开展合作，选拔并培训大学生志愿讲解员。

　　1997 年初，西汉南越王博物馆志愿者队正式建立，最初由中山大学人类学系和历史系的学生组成。1997 年 4 月 5 日，第一批志愿者中山大学黄兰兰、欧阳锋、徐达、王爱萍等同学正式上岗，西汉南越王博物馆志愿讲解活动正式拉开序幕。同年 10 月，我馆与广州师范学院历史系联系开展讲解事宜，随后，合作的高等院校和学生逐渐增多，西汉南越王博物馆陆续与这些高校签订了共建爱国主义教育基地协议，明确规定开展大学生志愿讲解活动是共建内容之一。经培训的大学生志愿者于每周六、日来馆上岗，他们认真好学的态度、优质的服务展现出了新一代大学生的形象。此外，志愿者们在开展讲解活动之余，还积极钻研馆藏文物，1997 年 12 月，中山大学历史系的志愿者编写了一本宣传教育小册子《岭南文化之光》，在博物馆的资助下出版。

　　1998 年 5 月 15 日，首届"南越王墓学生志愿者讲解比赛"举行，这个活动在当时引起了舆论界的关注，《中国文物报》也报道了这一对大学生志愿讲解活动有启发意义的事件，《羊城晚报》当日为此刊登了简讯，广州电视台也在当晚播出了相关新闻。经传媒曝光之后，许多游客慕名而来，一睹南越王墓及志愿者的风采（图 1）。

图 1　首届"南博馆志愿者讲解比赛"

随着志愿者工作的开拓，为探索馆校共建爱国主义教育基地和志愿者活动的新路子，1999年5月11日晚上，西汉南越王博物馆与中山大学团委、广州师范学院团委联合主办了"岭南文化之光"青年志愿者晚会。晚会节目由志愿者创新编排，活动内容与南越王墓和博物馆的志愿者息息相关。15所学校的学生和志愿者们载歌载舞，并举办了知识竞赛等活动，展现了青年志愿者的风采和学历史、爱广州的热情（图2）。

图2　"岭南文化之光"青年志愿者晚会

二、探索篇（2001-2010 年）

2001年至2010年是西汉南越王博物馆志愿者团队徐徐发展的时期，我馆相继与华南师范大学、广东外语外贸大学、暨南大学、广州中医药大学、广东药学院、广州美术学院开展合作，成立了多支志愿者小分队。同时，小小讲解员和社会志愿者相继加入，西汉南越王博物馆的志愿者团队进一步扩大。

2004年1月，西汉南越王博物馆重新规定志愿者服务及岗位职责，同时制作志愿者资料卡，对每名志愿者的上岗情况进行系统管理。2006年，志愿者章程正式出台。在这个时期，志愿者在西汉南越王博物馆从事的服务不再局限于讲解，而是涵盖了送展、活动协助、活动策划、表演等，博物馆为志愿者组织了丰富多彩的活动，以及定期外出参观学习，极大地丰富了志愿者的生活，全面提高志愿者的综合水平。

2007 年 8 月，"古代印度瑰宝展"在西汉南越王博物馆隆重开幕，这是我馆从国外博物馆引进的一个重要展览，受到广大市民的热捧，参观人数激增。西汉南越王博物馆组织志愿者学习培训"古代印度瑰宝展"讲解，开创了志愿者讲解临展的先河。

2008 年前后，"小小讲解员"活动开始在国内的一些博物馆中萌芽，各馆积极探索并开展小朋友讲解的相关活动。西汉南越王博物馆在 2008 年暑假举办了"英语小导游夏令营"，这种以文物介绍和英语学习相结合的做法在当时相当新颖。此后，西汉南越王博物馆陆续举办了多次不同主题的小小讲解员活动，取得了非常好的反响，受到家长和小朋友们的欢迎（图 3）。

图 3　西汉南越王博物馆小小志愿者

2008 年，西汉南越王博物馆开始启动社会志愿者的招募工作。就国内其他博物馆而言，学生志愿者一直都是各馆志愿者队伍中的主要力量，然而社会中越来越多的在职工作者和退休人士也有服务博物馆的志向。和学生志愿者相比，社会人士的阅历和经验更丰富，是一支不容忽视的强大力量。西汉南越王博物馆向社会公众发布了社会志愿者招募信息，随即有不少热心人士报名，他们来自学校、外企、出版社等各类单位，为我馆志愿者队伍迅速注入了新鲜血液。随后，西汉南越王博物馆开始与广州市老年大学合作，招募了一批退休人士来馆服务。此外，西汉南越王博物馆退休了的工作人员有不少也回馆参与志愿工作，他们参与了讲解、引导、表演等多个岗位的服务，成为一道亮丽的风景线（图 4）。

图 4 社会志愿者组成"绿叶合唱团"定期在西汉南越王博物馆表演

　　随着志愿者团队规模扩大，西汉南越王博物馆开始组织志愿者团队外出参加各类社会公益活动。2010年3月，我馆与"慧灵智障人士服务机构"开展了为期两年的合作，举办了不同形式的活动。志愿者们定期前往慧灵学校，与慧灵学员进行交流，并一起绘画、唱歌、舞蹈，给予了他们心灵上的陪伴和帮助。志愿者团队中的广州美术学院分队队员在这一系列的活动中发挥了主要作用，他们利用自己的专业特长，指导慧灵学员进行一些艺术创作，后来还为这些作品举行了多场拍卖活动，拍卖所得全部捐赠给慧灵机构。此外，志愿者连同慧灵学员在馆内开展了多场活动，受到了社会上的关注（图5）。

图 5 志愿者和慧灵学员一起在表演

2010 年正值广州亚运会和亚残会举办期间，有各类游客以及大量外宾来到西汉南越王博物馆参观。为提高志愿者的综合服务水平，我馆专门聘请了手语老师，为志愿者培训手语讲解，让志愿者们可以为前来参观的特殊观众提供服务（图 6）。

图 6　手语讲解培训

2010 年 12 月，西汉南越王博物馆的志愿者们开始身着红、黄两色统一志愿者服装上岗。同时，新款的志愿者证也投入使用，包括红色和绿色两款，用以区分学生志愿者和社会志愿者。此外，西汉南越王博物馆的志愿者 LOGO 也闪亮登场。志愿者团队进入了稳步向前的时期。

三、发展篇（2011-2017 年）

2011 年开始，西汉南越王博物馆志愿者团队各方面均趋于成熟，工作稳步推进，亮点不断，学生志愿者、社会志愿者、小小志愿者各放异彩，取得了一些不俗的成绩。志愿者们广泛参与博物馆宣教、陈列、图书馆管理等不同岗位的服务，特别是在协助送展和微信撰写工作中发挥了重要作用。此外，志愿者在馆外也受到同行与社会的肯定。从 2014 年开始，我馆每年推出一本志愿者年刊，对当年志愿者工作进行梳理和总结，用于宣传和交流。在 2015 年，出版《志愿者手册》，系统地汇总志愿者制度、管理、培训、答疑等内容，成为志愿者的工作指南书（图 7-9）。

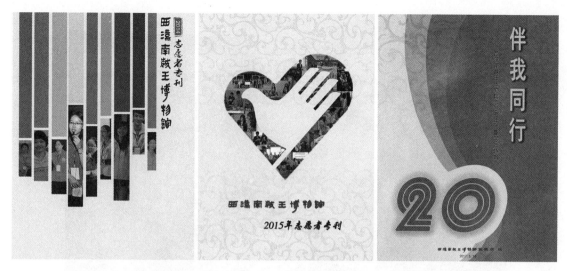

图 7　2014-2016 年的志愿者专刊

图 8　《志愿者手册》

图 9　新时期的志愿者形象

随着西汉南越王博物馆教育活动的日益丰富，志愿者逐渐在活动中扮演着不可或缺的重要角色。我馆的教育活动在每个周末、寒暑假和节假日等时间进行，既有在馆内举办的活动，也有外出去学校、社区等地举办的活动，需要大量的志愿者参与配合。在这些活动中，志愿者主要参与活动的协助工作，如活动室的布置、手把手教小朋友做手工、讲述文物的故事等。此外，西汉南越王博物馆有"南越玩国""乐淘坊"等多个活动区，每到周末，这里总是挤满了小朋友和家长们，志愿者们在活动区负责引导小朋友进行互动，与小朋友们一起玩乐。西汉南越王博物馆在 2015 年招募了一批负责活动策划的志愿者，他们为博物馆教育活动出谋划策，提供了不少好点子。随着我馆教育活动"南越

图 10 志愿者策划的夏令营活动

工坊"会员制的建立以及规模的扩大，有的志愿者也成为了工坊的助教老师，保证了工坊活动的顺利开展（图 10）。

近几年，博物馆微信公众号成为博物馆宣传的重要媒介，西汉南越王博物馆也积极推进微信写作的工作。在 2016 年，共有 8 名志愿者协助西汉南越王博物馆的微信撰写工作，发稿量达 32 篇，占西汉南越王博物馆 2016 年微信总发稿量的 15%，为我馆微信工作提供了重要的支持。这些志愿者以学生志愿者为主，他们大多都是高等院校历史专业的学生，具有一定的专业基础知识和写作能力。

2014 年，西汉南越王博物馆志愿者团队第一次申报"中国博物馆十佳志愿者之星（团队）"，由于竞争激烈，无缘奖项。2015 年，我馆推选学生志愿者何少伟参加"中国博物馆十佳志愿者之星（个人）"评选，经过角逐，最终获得提名奖。2016 年，我馆再次申报该团队奖项，有了前 2 年的经验，我们动员志愿者一起参与竞选视频的拍摄与后期制作，对竞选材料精益求精，同时，经过 2 年的发展，志愿者工作业绩也有了质的突破，带来了更强的竞争力。最终西汉南越王博物馆志愿者团队——广州大学人文学院分队斩获了"中国博物馆十佳志愿者之星（团队）"荣誉称号，这是对我馆志愿者团队风雨兼程 20 年来成果的最好证明（图 11、12）。

图 11　何少伟在汇报志愿者工作

图 12　2016 年第八届"牵手历史——中国博物馆十佳志愿者之星"评选现场

　　作为博物馆的志愿服务队伍，能坚持 20 年已属不易，在这 20 年中不断追求创新，并推动博物馆的发展，更是难能可贵。西汉南越王博物馆早期的学生志愿者中，有不少同学在若干年后成为了文博工作者，担任各博物馆的馆领导、中层干部等，是各博物馆的顶梁柱。也有不少同学在毕业多年后，回到西汉南越王博物馆担任社会志愿者，在博物馆延续他们的志愿服务理想。这样的互相见证与紧密结合为志愿者团队与博物馆事业的共同发展提供了长足动力。

浅谈遗址类博物馆志愿者队伍建设

——以殷墟博物馆为例

安阳市殷墟管理处

杨艳梅

摘要：遗址类博物馆志愿者是博物馆的一张靓丽名片，他们在博物馆与公众之间搭起一座沟通之桥。如何管理好越来越多的博物馆志愿者是各馆面临的一大问题。本文首先对遗址类博物馆志愿者队伍发展现状进行分析，然后以殷墟博物馆为例，探讨了遗址类博物馆志愿者队伍的建设。

志愿者是一项崇高的事业，也是时代的需求。随着人们的社会服务意识增强，参与志愿服务的人越来越多，志愿服务领域越来越广。博物馆志愿者也是志愿者队伍里的一员，作为博物馆的重要组成部分，他们可以更好地架起社会大众与博物馆之间的沟通桥梁，并促进博物馆自身的社会化。我国的博物馆志愿工作还处在起步阶段，尤其是国内大多数遗址类博物馆在思想上对开展志愿者活动的重要意义还缺乏应有的认识。

一、我国遗址类博物馆志愿者队伍现状

遗址类博物馆是在古代遗址的基础上建立的，以遗址内出土的文物作为藏品和陈列展览的核心的博物馆。因我国大多数遗址类博物馆并未免费对公众开放，各遗址类博物馆的客流量也不尽相同，所以公众对其各项服务的需求量也大小不一。这就导致有些遗址类博物馆不仅志愿者活动还没有起步，而且在思想上对开展志愿者活动的重要意义还缺乏应有的认识。

当然，我国一些省会以上城市的遗址类博物馆或大型遗址类博物馆的志愿者工作已经开始发挥重要作用。省会以上城市的人文地理条件比较优越，高等院校、文化艺术机构、各类型的博物馆以及学术团体较多，城市人口的综合素质也相对比较高，所以省会以上城市博物馆的观众对有关遗址的文物知识和文化知识的需求强烈。而且一些大型遗址类博物馆宣传力度大，经费足，这些都是开展志愿者工作的有利条件。

近年来，随着遗址类博物馆社会教育职能的重要性不断提升，为满足广大观众的需要，遗址类博物馆将在今后积极推进博物馆志愿者队伍的建设，走向社会、服务民生。

二、加强志愿者团队建设，建立健全管理机制

安阳殷墟志愿者团队成立于 2005 年，至今已经 12 年，从队伍建立之初的 20 人，逐步发展到现在的 130 余人。这支队伍中年龄最大的志愿者有 70 岁，最小的只有 7 岁，大学学历的志愿者达到 70% 以上。截至目前，殷墟志愿者团队累计为 10 万人次的观众提供讲解服务，义务讲解时长累计 2 万余小时，其中个人讲解时长最长的已经达到 600 多小时。

殷墟志愿者团队主要由以下三种志愿者构成：

1. **专家志愿者**。我们邀请中国社会科学院考古研究所驻安阳工作站的站长、殷商文化专家学者等组成专家志愿者分队。他们经常参加殷墟博物馆举办的殷商文化公益讲堂，义务为观众授课并答疑解惑。

2. **公务员、医生、个体经营者、在职及离退休教师等来自社会各行各业的能够长期服务的社会志愿者**。这个群体是博物馆志愿者的核心部分，他们的年龄一般在 20 岁到 70 岁之间。他们热爱中国传统文化和博物馆事业，愿意为博物馆工作，希望通过做博物馆志愿者在博物馆这个平台上展示自己，锻炼工作能力，增长知识，用自己的爱心回报社会，宣传博大精深的殷商文化。这一部分志愿人数较多，常年在遗址进行讲解服务的有近 80 人，有效地保证了殷墟博物馆的志愿者服务工作正常开展。他们很多人在周六、周日或春节、"五一"、中秋节、"十一"黄金周等假期来到景区服务，从早晨开馆一直工作到晚上闭馆。

殷墟博物馆在遗址广场处专门为他们建立了志愿者服务站，配备了电脑、打印机等办公用具和资料书籍，方便志愿者开展志愿工作。由于殷墟遗址距市区有一定距离，考虑到有的人要在博物馆服务一整天，我们在职工食堂为志愿者们提供免费午餐，解决就餐问题。

殷墟设立志愿者管理委员会，由我馆的一名专职工作人员和长期在博物馆服务的志愿者作为主要骨干组员。志愿者管理委员会制定了志愿者招募制度、管理制度、服务规则、培训交流制度、奖励制度等多项制度。将长期参加服务的社会志愿者分为四个组，并建卡立册，实行系统化管理，形成有效的运行机制。四个组分别设正副组长各一名，每周末由组长带队轮流在博物馆参加服务值周。这样既保证了博物馆志愿者服务工作的正常进行，又为志愿者节约了个人的业余时间。

3. **大、中、小学生，他们组成了学生志愿者分队**。学生们由于受到学业、毕业、考试等多方面因素的影响，因此往往无法长期在博物馆服务，流动性比较大。考虑到这个问题，殷墟博物馆联络学校一起开展志愿服务活动，服务时间主要固定在寒暑假和国家法定节假日。由校方选拔一批积极性高、综合素质好的学生志愿者，再由博物馆对他们进行讲解礼仪和殷商文化知识等专业培训。尤其针对小学生志愿者，博物馆不仅专门为他们编写了内容通俗易懂、深入浅出的小小讲解员讲解稿，还举办了一系列青少年志愿者活动，比如每年 4 月份开展"知殷商，爱安阳，我做殷墟小小讲解员"讲解比赛，每年暑假举办中英文小志愿者培训班，周六、周日请书法老师为小志愿者进行甲骨文书法培训，等等。

三、加强志愿者系统培训，弘扬奉献意识

博物馆是特殊的科学研究与教育机构，担负着保护、研究、宣传文化遗产的重要职责，因此，各个业务部门都有比较严格的工作规范，对业务人员都有严格的上岗要求。而博物馆招募的志愿者来自不同的行业，并且在年龄、受教育的程度、生活背景与环境等方面有着很大的差别，绝大多数志愿者过去没有从事过博物馆工作，甚至对博物馆一无所知，多是抱着热爱文博事业、愿意为社会多作贡献的热情加入志愿者队伍的。为了更好地开展志愿者活动，做好博物馆的社会服务工作，就必须对志愿者开展岗前培训，以使得他们了解志愿服务内容和服务规范。

殷墟博物馆每年3月份通过媒体和网络面向社会公开招募志愿者，然后根据组织 - 面试 - 培训 - 考核 - 实习 - 录用的流程，吸收新志愿者，不断壮大志愿者的队伍。

新招募的志愿者在面试通过后，由博物馆专职人员和志愿者骨干进行志愿者章程、讲解礼仪、讲解技巧、殷商文化知识、殷墟志愿者团队精神等方面的培训。

培训过程分为两个步骤。一是集中培训，先请殷商文化专家为新志愿者讲授殷商文物知识和文化知识；再由优秀的讲解员对他们进行普通话发音练习并讲授讲解仪态、讲解技巧等知识；最后请优秀志愿者集中为新志愿者全程讲解殷墟博物馆各个展厅。二是分组培训，在集中培训结束后，将新志愿者分到原有的四个组中，由各组组长和本组有充分讲解经验的志愿者进行"传、帮、带"。这样新志愿者既可以学到讲解技巧，又可以受到老志愿者奉献精神的感染和鼓舞。这样的培训一直持续到每年的国际志愿者日（12月5日）前夕，工作人员根据新志愿者全年的出勤率和讲解水平进行考核评分，最终在12月5日国际志愿者日为通过考核者颁发殷墟志愿者证。

在培训新志愿者的同时，殷墟博物馆也注重对已上岗的志愿者队伍的培训。博物馆定期请专家为他们授课，及时更新考古学界的新观点。从2015年开始，

在殷墟志愿者微信群举办"甲骨文书写竞猜"活动，每周一至周五在微信群发布题目，志愿者书写出题目答案后上传微信。这个小活动在志愿者群里反响热烈，大家积极参加竞猜。如此不仅活跃了微信群的气氛，也提高了志愿者的甲骨文知识储备量。

殷墟博物馆先后组织志愿者团队前往各地如河南省博物院、洛阳博物馆、邺城博物馆、焦作青龙峡景区、曹操墓、三杨庄三台遗址等场馆和遗址参观、交流学习，不断丰富团队人员的知识储备，强化提升专业技能。

通过各种培训，志愿者们认识到，博物馆在文化发展中具有不可或缺的重要作用。自己所从事的志愿服务在博物馆与观众之间起着桥梁和纽带作用，通过自己的服务，可使更多的人了解博物馆的职能，从而让更多的人走进博物馆，为发挥博物馆的作用创建和拓展出更加广阔的空间。

四、送人玫瑰，手留余香，丰富服务形式

殷墟博物馆的志愿服务主要涵盖三个方面。

1. **提供咨询、讲解服务**。长期以来，志愿者们放弃自己的假期，放弃同家人团聚的机会，深入博物馆的各个服务环节，面对面地服务观众，无偿提供咨询、讲解，帮助游客解决实际困难。尤其在春节、"五一"假期、中秋节、"十一"黄金周等客流高峰期，志愿者们每人日均讲解4-6场，一天下来，腿跑肿了，嗓子哑了，但他们无怨无悔，留给游客的是满脸的微笑和无微不至的关爱。殷墟志愿者最常说的一句话是："送人玫瑰，手留余香。"

2. **举办殷商文化公益讲堂**。殷墟博物馆从2013年开始举办"殷商文化与安阳历史"公益讲堂，由殷墟志愿者主讲，并且不定期邀请中国社会科学院考古研究所驻安阳工作站、安阳师范学院等机构的专家学者和殷商文化研究会专家等加入讲师团队，围绕甲骨文、青铜器文化、历史名人等话题，全面介绍安阳。每次讲座都座无虚席，受到广大市民的欢迎。志愿者们还走进校园、社区、企业、部队、机关单位宣讲殷商文化。例如殷墟志愿者在2017年3月1日至18日，联合当地殷都区教育局先后走进18所中小学举办了讲座《殷墟：一个王朝的背影》，宣讲活动衔接紧凑、精彩不断，志愿者的细致讲解博得了师生的阵阵掌声，使学生们对安阳历史和殷商文化有了新的认识。

3. **编演殷商文化情景剧**。殷墟志愿者们自编自导自演了殷商文化情景剧

《妇好将军》。每逢黄金周节假日，他们都不畏严寒酷暑，为观众再现三千年前中国第一位女将军妇好的风采，并且观众可以穿上演出服客串商代人物，身临其境，梦回殷商。

五、结论

遗址类博物馆的志愿者队伍建设对社会发展博物馆事业有非常重要的现实意义。虽然博物馆志愿服务在发展过程中还存在诸多问题，但是作为一项积极有益的社会公益活动，可以增加社会公众对博物馆的了解和支持，而且也可以扩大博物馆的社会影响，促使社会公众积极参与构建社会道德体系，培育人们的文化自觉，促进博物馆文化事业的发展。

关于博物馆志愿者服务积极性的维护措施研究

常州博物馆

李敏

摘要：博物馆志愿服务工作方兴未艾，志愿者身影活跃在博物馆的各个岗位上，已成为重要的人力、智力补充。由于志愿者与博物馆不具有雇佣劳资关系，志愿者自由性较大，因此在多种因素的共同作用下，志愿者服务积极性消退、人才流失严重成为目前志愿者队伍管理面临的严峻问题。本文首先对博物馆志愿者的作用、人才流失现状进行剖析，然后结合长期工作实践、国内外博物馆相关经验，提出了维护博物馆志愿者服务积极性的措施。

志愿者，也可称为义工，是不以金钱或物质回报为目的，无偿为社会工作贡献时间和精力的人。随着人类文明的进步，公民意识逐步觉醒，志愿者频繁地出现于各个有需要的公共服务机构，为社会大众提供自己的体力或智力服务。

　　从志愿者最初进入中国的博物馆至今，博物馆志愿服务工作经历了萌芽、兴起、发展诸阶段，目前方兴未艾，博物馆志愿者的服务活动十分活跃。笔者在志愿者管理工作的亲身实践中，深刻体会到属于博物馆编外力量的志愿者在给博物馆提供强大支撑的同时，流失性非常大，这一特性给博物馆工作的开展带来一定的困扰。

一、志愿者在博物馆中的作用

　　博物馆作为公益性的社会文化机构，承担着守护传承文明、满足公众的精神文化需求等职责。它敞开大门，积极与社会各界产生联系，开展丰富多彩的活动。最初，博物馆引入志愿者很大程度上是为解决人员困境。尤其是在博物馆免费开放以后，急剧增长的参观人数、日益拓宽的业务范围与有限的员工编制形成了强烈的反差，在服务供不应求的情况下，大多数博物馆开始招募使用志愿者作为重要的人力资源补充。但撇开这一现实因素不谈，实际上，志愿者与博物馆二者兼具社会性和公益性特点，双方的互助合作产生了 1+1>2 的效应：志愿者通过博物馆这个平台，实现了自己反哺社会、服务他人的意愿；博物馆凭借志愿者为更多的公众提供了他们所需的服务，更好地发挥了自己的职能。

　　目前，志愿者队伍在全国地市级以上博物馆中已普遍存在。志愿者在博物馆的岗位日趋多样化，他们除了从事传统的讲解工作外，还深入涉及公共开放、教育、陈列、保管、档案、信息技术等其他业务，包括在社教活动中担任指导老师、编辑设计出版物、维护新媒体平台、策划运作宣传活动等。由于志愿者来自社会的各行各业，有着各自的特长，他们的加入较好地弥补了博物馆专业人才不足的缺陷，一定程度上有助于工作的推进。志愿者的地位也越来越受到重视。

二、博物馆内的志愿者流失现状

志愿者的定义简单来说是"自愿之个人，出于善之目的，以一己之能，为社会而服务"。志愿者是以个人为基本单位的，他们来自各行各业，每一个人的经历不同，性格不同，成为志愿者的初衷也不尽相同，或为慈善，或为学习，或为交友，或只为找个地方打发闲暇。更为重要的一点是，志愿者的服务不受薪资、人事的约束，因此，在很大程度上，志愿者是自由的，他们随时可能因为家庭的变故、工作的变动、兴趣的转移而中止服务。基于这样的情况，为保持志愿者团队的稳定，几乎每个博物馆每年都需要定时进行招新。

除了这些外在的变化因素外，志愿者自身对于服务工作的热情丧失也是导致志愿者流失的重要原因。笔者总结出以下几点容易造成志愿者流失的情况：

1. 志愿者认为所做的服务工作枯燥乏味、单调机械，无法实现其自我价值。

2. 博物馆安排的服务内容勉强，可有可无，无法满足志愿者正常的服务需求，使志愿者认为自己的服务是在无谓地浪费个人时间。

3. 个别服务岗位（如讲解、设计策划等）技术性要求较高，志愿者个人的能力和精力不足以胜任。

4. 管理人员对志愿者实行垂直化、行政化管理，双方的关系处于有事有人、无事无人的状态，缺乏沟通交流，志愿者感受不到组织性和人情味。

5. 实际的志愿者服务工作与理想之间存在较大落差，服务环境不够优良，服务内容不够体面。这些原因都会让志愿者服务热情减退，甚至退出志愿者队伍。

三、维护志愿者服务积极性的意义和措施

（一）维护志愿者服务积极性的意义

纵观欧美发达国家的博物馆志愿者服务，已经非常成熟，其管理制度完善，服务人数稳定，志愿者已然成为博物馆不可或缺的资源。这一点非常值得我们学习借鉴。志愿者理应成为博物馆无法割舍的组成部分，维护志愿者服务积极性具有极其重要的意义：

1. 志愿者是沟通博物馆与社会的桥梁

志愿者除了在博物馆内贡献时间和精力，还是连结博物馆和社会的桥梁。每一个志愿者都是一个社会人，有着各自的关系圈子。他们通过自身的服务行为，有意无意地感染到身边的人，传播、介绍着博物馆的相关动态，让更多的人了解博物馆，走进博物馆，甚至一并加入志愿者服务行列。浏览国内一些博物馆志愿者活动的微信推送信息，可以发现，这些志愿者团队中不乏夫妻、母（父）女（子）、姐妹、好友、同学、同事搭档，都是连锁发酵。

2. 志愿者是博物馆的忠实观众

志愿者关注博物馆、热爱博物馆，更容易以平等的立场倾听公众的声音，与公众开展交流，并将这些声音通过自己的有利渠道反馈给博物馆管理者，以便博物馆及时地提升服务。

3. 节省博物馆的投入成本

每一位志愿者从招募到上岗，都需要经过一系列的流程。志愿者流失率越大，重新招募的次数就越多，博物馆相应投入的培训、管理和使用成本就越庞大。因此，努力维护好志愿者的积极性和服务热情，减少流失率，也就是变相在为博物馆省钱。

（二）维护志愿者服务积极性的措施

每一段关系的长期维护都需要约束、契合、包容、激励等要素的共同作用，志愿者团队的维护管理亦是如此，需要博物馆和志愿者双方在制度、情感、沟通等方面不懈携手努力。笔者通过对博物馆志愿者工作的长期关注和了解，结合自身实践体会，同时借鉴学习西方发达国家博物馆志愿者的先进管理经验，提出以下维护举措，期冀对博物馆志愿者团队的发展有所帮助。

1. 加强志愿者管理制度建设

志愿者的作用本就是帮助博物馆更好地为公众提供服务，因此，志愿者团队不应该反过来迫使博物馆动用大量人力来负责其日常的运行和管理。否则，志愿者团队就不能成为博物馆助力，甚至还会成为负担。志愿者应成立自己的理事会或委员会，实现自我管理。理事会或委员会代表全体志愿者行使决策权、管理权，接收、商议、安排博物馆方的工作任务，同时也努力保障维护每一个志愿者个体的相关权益。理事会或委员会成员应是在岗、有互助协作精神、有良好沟通能力和执行能力的志愿者，分工明确，切忌出现官僚主义现象，纳入一堆有名无实的挂职人员。

理事会或委员会制定相关管理办法规定志愿者的权利和义务，尤其是服务年限和中止服务的条款，必须严格执行。对于服务不满足要求的，实行清退措施，规避团队的无序庞大，请出"僵尸粉"，留足空间给精干实用的团队成员。

博物馆对于志愿者理事会或委员会的运行享有指导权，定期听取其汇报，共同商讨工作方向、计划目标等。理事会或委员会对于博物馆公众服务事务享有一定的建议权，可根据实际服务过程中的问题、经验提出改进意见。切忌博物馆单方面命令安排志愿者事务。

2. 实施计划性招募

一些博物馆在志愿者招募中缺乏需求和使用规划，目标性不强，也没有对志愿者的工作性质、社会角色等进行细致分析，经常导致招募进来的志愿者带有很大的玩票性质或是私人目的，服务时间不稳定。部分人员尽管学历水平达标，但缺乏一定的文史知识基础，加入志愿者队伍后无法胜任工作。

志愿者招募应该广泛性和目标性相结合，做到有规划。博物馆一方面可通过官方平台、纸媒、新媒体等渠道公开发布招募信息，罗列服务岗位需求、服务内容，注明优先考虑的专业范围，在帮助博物馆扩大宣传力的同时，网罗尽可能多的人才。另一方面要有的放矢，建立目标性群体招募通道，如教师、文史学者等，为一些教学、研究等技术性要求较高的岗位物色人选。对于应征者的专业、履历、兴趣爱好以及特长等基础资料要仔细梳理、严格比对，尽量甄选出优秀人才。

3. 开展专业系统的培训

志愿者只有在胜任岗位工作的情况下才能树立起长期服务的信心。博物馆对于新招募的志愿者必须投入必要的经费、人力进行系统的岗前培训。培训课程一般可分基础性知识培训和岗位针对性技能培训两大部分，基础性知识培训包括志愿者精神解读、博物馆概况、文物通识、服饰礼仪等，岗位针对性技能培训即根据岗位类别进行分组培训，如讲解组人员需进行语音发声、讲解仪态、讲解词的撰写等强化辅导，摄影摄像组人员要学习拍摄技巧、掌握高科技数码产品的性能和使用方法，宣传策划组人员则要熟悉博物馆的活动开展流程，学习如何编写活动方案。博物馆应根据课程的内容聘请馆内外的专业行家形成讲授团队，对志愿者进行高质量的培训，为志愿者日后有高质量的产出奠定基础。志愿者上岗后，博物馆也应不定期地组织开展培训学习活动，可结合专家讲座、策展人深度解读展览、行业培训等有利机会，主动让志愿者参与，使他们不断深化学习内容，掌握服务技能。

一旦摸索出一套成熟的培训方法，建立一支专业的培训团队，打造一系列适用性强的课程，每年的志愿者培训对于博物馆而言就不再是伤神费脑、浪费钱财之事，也不是走马观花、形式主义，而是确实有助于培育出一支用得上的志愿者队伍，让志愿者基本具备适应岗位的能力。

4. 有效进行岗位追踪

从志愿者完成培训学习、通过考核、成为准志愿者，到成为正式志愿者，中间要经历 1-3 月的见习期。见习期内，志愿者们不断地熟悉岗位，此时，博物馆的志愿者管理者要做的是给予积极的鼓励和引导，及时与志愿者交流思想，帮助解答服务过程中的困惑，如发现志愿者无法胜任当前工作，应建议其转岗。尽量使志愿者岗位与其年龄、文化层次、职业特点、个人意愿、个人能力相匹配，最大限度地给他们提供能够施展专长的机会。

志愿者正式上岗后，根据工作需要，优秀者可被推荐为各个志愿服务组的负责人，承担起本组志愿者的服务调度、监督和考核工作。充分发挥志愿者的领导力，起到团结同伴、活跃氛围、激发热情的作用，架起小组与志愿者理事会或委员会、博物馆沟通的桥梁。

在原则上规定每人的年度服务时长的基础上，应适当增加志愿服务的弹性，允许志愿者根据自己的实际情况分配到馆服务时间，做到松紧有度，互信互重。千万要杜绝行政化、命令化的管理方法，进行硬性排班，损害志愿者的积极性。

博物馆应给予志愿者人文关怀，为其提供干净整洁的休息室，配备工作电脑，制作与时代特色相符合、与博物馆氛围相适应的统一工作服。志愿者因在博物馆服务而自豪，因博物馆的真诚相待而感动。博物馆还可定期组织开展志愿者沙龙活动，增强团队成员间的互动、交流，增强核心凝聚力。

5. 精神、物质激励相结合

志愿者的定义是"不以金钱或其他任何形式之酬劳为前提，自主自愿为某项社会工作付出劳动之个人"。长期以来，"雷锋"是志愿者的代名词，志愿者就像一颗螺丝钉，哪里需要钉到哪，全心全意地为人民服务。然而，主观上"不以金钱或其他任何形式之酬劳为前提"不等同于客观上完全"没有金钱或其他任何形式之酬劳"的回报。一方面，博物馆可运用传统的精神鼓励方法对志愿者进行奖励，如进行每月服务之星的评选、年终给予优秀者表彰、升级星级评定、在志愿者刊物上展示风采等。在条件允许的情况下，博物馆还可将精神激励与适当的物质激励相结合，如让志愿者享用免费午餐，与员工享受同等的馆内商品折扣，免费借阅图书资料，作为嘉宾受邀参加博物馆的预展、沙龙、讲座等活动，参与外出参观学习活动。更具实际意义的做法是将本馆的志愿者服务接入社会平台，通过与学校的协议，将博物馆的志愿服务作为大学生获取学分、评优评先的条件。还可将志愿者服务活动与社会互助结合起来，志愿者累计付出的服务时间达到一定的量后，自身有需要时可以享受同等的帮助服务，从而有效调动大众投身志愿者服务的积极性。

6. 制造适当的仪式感

要增强志愿者团队的凝聚力，除了口头的言语表扬外，更有效的一点是通过举行一定的仪式，让志愿者既有机会集体活动，又实实在在体会到存在感和被需要感。仪式本身作为一种教育手段，通过"情境"的设定，制造出所需的环境和氛围，从而触动人的感觉和思维器官，对人产生潜移默化、持久深入的影响。比如在志愿者正式上岗服务前举行上岗仪式，让志愿者集体挂上服务牌、穿上工作服、郑重宣誓，能够增强志愿者的责任感，对志愿者形成情感刺激，使之获得强烈的归属感，进一步激发志愿服务的热血、激情；在学生的寒暑假期短期志愿服务结束时进行结业仪式，让志愿者们展示学习成果，为他们颁发结业证书，这样的仪式必定会成为其一生中难忘的记忆，培养出其对博物馆的深厚情感；年终总结时对优秀志愿者进行表彰，让志愿者感受到付出有回报，邀请其家人、亲友共同见证这光荣的时刻，增强其服务的自豪感、成就感。仪式感就体现在博物馆对志愿者日常活动细节的关注和重视中。

7. 完善服务保障

志愿者来博物馆服务属于义务性质，不收取任何酬劳，但同时也存在缺少人身保障的风险。目前，大多数博物馆尚未给志愿者购买相关保险。由于国内志愿服务法律机制的不健全，关于志愿者保险的规定基本以宣告性、倡议性为主，对保险责任主体、资金来源、保障范围等细节均没有明确或硬性规定，导致博物馆志愿者保险这块仍然处于真空状态，这与志愿工作的如火如荼现状极不相符，也是对志愿者人文关怀的一大缺环。虽然博物馆的工作风险性较低，出现意外伤害的几率不大，但服务往返途中或馆内走低攀高的过程中难免会有出乎意料的闪失，博物馆应该未雨绸缪，为长期来馆服务的注册志愿者购买基本的社会保险，以解决志愿者服务的后顾之忧，实现安心服务。

四、结语

　　志愿服务是一座城市文明的标志，更是一个博物馆趋于优质的象征。在中国博物馆协会志愿者工作委员会的组织和领导下，博物馆志愿者工作人员要通过不断学习来掌握最新的管理学、心理学、社会学等学科理论知识，潜心研究，勇于实践，努力探索志愿者工作的目标和方向，关心志愿者，牵手志愿者，真正发挥出志愿者的桥梁作用，让博物馆因志愿者更美好！

参考文献：

〔1〕　李霞：《志愿者参与志愿服务积极性的维护机制研究》，南京师范大学硕士学位论文，2016 年。

〔2〕　陈曾路：《博物馆里的"微革命"——"博物馆志愿者"的现状和未来》，《中国博物馆》2012 年第 3 期，页 12-19。

〔3〕　李易志：《对我国博物馆志愿者工作的思考》，《中国博物馆》2004 年第 3 期，页 20-25。

〔4〕　王建华：《关于博物馆志愿者培训和激励机制的探索》，《中国博物馆》2012 年第 3 期，页 20-22。

〔5〕　王乔、朱玉杰：《结合我国博物馆现状，探讨博物馆志愿者的内涵与价值》，《春草集（二）：吉林省博物馆协会第二届学术研讨会论文集》，吉林人民出版社，2013 年，页 23-26。

〔6〕　万婷：《大型活动仪式教育的作用及启示》，《当代教育理论与实践》2012 年第 6 期，页 128-130。

对当前博物馆志愿者现状及发展的思考

濮阳市博物馆

南冰晔　张赟

摘要： 志愿者的出现在一定程度上弥补了博物馆人力资源的不足，并且在博物馆与公众之间架起一座沟通的桥梁，从而使得博物馆和社会、公众之间的交流变得更为紧密、和谐。但当前博物馆志愿者也面临着诸多的问题和困境，本文试从志愿者的起源和发展现状出发，谈一下对当前博物馆志愿者工作的一点粗浅认识。

一、博物馆志愿者的起源

博物馆志愿者的起源可以追溯到 16 世纪初的欧洲，一些从事热心公益事业的群体通过博物馆参与许多社会文化活动，同时为社会大众服务，这就是最早的博物馆志愿者。博物馆志愿者在国际博物馆界也被称为"博物馆之友"，1975 年在比利时成立了国际博物馆之友联盟（WFFM）。该组织由提供无偿服务的志愿者和提供赞助的捐赠者两个群体组成。而今，该组织涵盖 36 个国家、18 个国家联合会和 27 个协会将近 200 万人。

美国是拥有博物馆志愿者最多的国家。据调查分析，1991 年在全美博物馆共有将近 38 万名志愿者，是当时全美博物馆正式员工数量的 2.5 倍，这些志愿者会进行区域性、国家性和国际性的活动，博物馆三分之二的工作是由志愿者服务完成的。在 2005 年，美国华盛顿国家史密森博物馆协会辖下的 13 所博物馆共有 5516 名志愿者贡献出了 530112 小时的服务。而在新西兰的奥克兰博物馆，正式的职工人数只有 10 人，帮助他们工作的志愿者达 2000 余人。可见在欧美一些发达国家的博物馆，志愿者服务活动开展得还是比较早的，公民的参与意识以及服务能力相对也是比较强的，志愿者在博物馆覆盖的面比较广。

与欧美发达国家相比，我国博物馆志愿者起步比较晚，并且发展不均匀。在一些经济发达地区博物馆志愿者工作发展迅速，已逐步走向规范化。但大多数地区博物馆志愿者工作才刚刚起步，甚至仍是一片空白。

我国志愿者最早出现在 20 世纪五六十年代，后来由于"文化大革命"而一度中断。20 世纪 80 年代以后，湖南省博物馆、中共一大会址纪念馆、国家博物馆、上海博物馆、吉林大学博物馆等数十家博物馆创建了博物馆志愿者队伍。根据当时的实际情况，中国博物馆开展的志愿者活动处于探索阶段，对志愿者的认识不全面，招募的志愿者以在校的学生为主，招募的目的是应对博物馆的一些重大活动，并没有形成规范的组织与管理。一直到 2002 年，中国国家博物馆（原中国历史博物馆）通过媒体向社会首次公开招聘志愿者，录用150 人，主要安排在讲解导览岗位。随后，北京、上海、河南、湖南等地的一大批中大型博物馆也开始征召博物馆志愿者。

二、博物馆志愿者的特征及作用

1. 博物馆志愿者的特征

（1）志愿者有自主参与的主动性

志愿者在志愿服务活动的过程中充分发挥自己的特长，结合自身的特点，能够主动完成博物馆的各种任务。

（2）志愿服务有明确的导向性

博物馆会制订志愿者工作指南和中长期招募规划。目前，操作比较规范的博物馆会每年和长期注册的志愿者签一次协议，内容包括服务时间、岗位责任等内容。博物馆还会对志愿者每年进行不定期的培训，内容包括历史文化、艺术、讲解技巧、礼仪等多个方面。

（3）志愿者具有无私性

博物馆志愿者没有任何报酬或者其他形式的酬劳，志愿者的服务体现了一种回报社会的无私精神。

2. 博物馆志愿者的主要作用

（1）增强博物馆与社会的沟通

随着博物馆免费政策的实施，博物馆逐渐由有偿开放转向无偿免费开放，同时逐步走上创新发展的道路。志愿者是博物馆与社会沟通的纽带和桥梁，他们在无形中拉近了博物馆与观众之间的距离，从而使得博物馆更好地融入社会。

（2）充分利用社会资源

博物馆是具有收藏、研究、社会教育三大基本职能的社会机构，每一项职能都需要大量的资金和人力资源。虽然各级政府目前都已经越来越重视博物馆的建设，但是，完全依靠政府来解决博物馆的所有问题并不现实。博物馆志愿者来自社会各个阶层，是一种很大的补充力量，如果能充分利用这种人力资源，将会使博物馆得到很快的发展。因此，博物馆志愿者的出现可以从一定程度上解决问题，使用博物馆志愿者可以有效降低成本，并且为社会提供优质的服务。

（3）拓展博物馆的服务范围

博物馆志愿者是社会精神文明发展到一定程度后的需要。志愿者的参与极大地扩充了博物馆的人力资源，为博物馆事业注入了新鲜的血液。由于博物馆志愿者人数众多，相对应的知识面广，可参与的博物馆工作很多，志愿者除了经常参与现场看管、引导、咨询、讲解等工作以外，还可以深入博物馆工作的其他方面。有了志愿者的参与，博物馆就可以更好地拓展其他服务项目。

（4）产生良好的示范效应

随着博物馆志愿者队伍的不断扩大，社会上的很多人都加入了志愿者的行列，志愿者通过工作内容的逐渐深入，可以让公众认识到，博物馆家园随时向大众敞开怀抱。这种示范效应有利于博物馆与社会的紧密结合。

三、博物馆志愿者工作存在的问题

由于我国的博物馆志愿者服务仍处于初级的探索阶段，难免会出现一些问题。

1. 制度不够健全完善

很多博物馆为志愿者服务制定了一系列相应的制度，但是很多的制度并不是很健全完善，或者不能很好地实施与落实。所以各个博物馆应根据所遇到的问题和实际情况及时修改和完善其制度。

2. 欠缺良好的激励机制

博物馆志愿者服务活动的无偿性使得志愿者在志愿服务的过程中要能够肯定自己的劳动价值，这种价值来自两个方面，一方面是自我肯定，另一方就是博物馆给予的肯定。但是目前大部分的博物馆并没有建立这种激励机制，这在很大程度上就会造成志愿者热情的衰减。

3. 志愿者本身缺少服务意识

志愿者的服务是无偿的，博物馆在管理上就会比较松懈，这样服务质量就不理想。很多志愿者参加博物馆志愿活动是为了获取社会实践的经验，真正为博物馆主动服务的热情少之又少。

4. 志愿者的构成相对单一

我国的现状是志愿者大多数为退休人员与学生，缺少一些有学识、有丰富社会经验、精力充沛的中年人才。另外，博物馆志愿者的队伍建设速度虽然比较快，但是人员流动性比较大，这样就会出现经常性的人员缺失问题。

5. 志愿者选拔体系缺乏科学性的引导

博物馆志愿者是自愿无偿服务的，报名人数本就有限，再加上在选拔的过程当中排除了很多不符合要求的报名者，所以志愿者的选拔存在的困难比较多。如果选拔不严格，会导致博物馆的服务质量得不到有效提升，从而影响到博物馆的整体服务水平。如果选拔过于严格，会导致很多人失去服务的机会。

四、对博物馆志愿者工作的建议或展望

1. 科学化是博物馆志愿者事业发展的必经之路

科学化是博物馆志愿者事业健康发展的保障和必要选择。博物馆志愿者工作的科学化需要不断地摸索，要吸收国外博物馆在志愿者方面的一些工作经验，同时也必须结合中国博物馆自身的一些情况，从而总结出适用于自己发展的规律。对目前有关博物馆志愿者的诸多理论性问题应该加以深入、准确的研究。

由于博物馆志愿者工作是全面的，所以在志愿者招募的过程中，应当对其进行综合全面的评价，在对其考核时，也应当有一套科学的、完整的考核体系。博物馆志愿者工作发展的科学化意味着需要随着时间及环境的变化，改进不合时宜的制度、措施和技术。

2. 实现博物馆志愿者事业的普遍发展

一方面，由于中国博物馆实施了免费开放的政策，越来越多的社会民众更愿意到博物馆来，这就要求博物馆在丰富观众精神生活的同时，也应该提供更加舒适的环境。另一方面，我国近年来博物馆事业发展迅速，但也存在人才缺乏、服务意识不足等诸多问题，在一定程度上很难满足目前社会的需求，这就需要博物馆志愿者普及化、社会化。博物馆志愿者的普及化使得志愿者的服务岗位打破了一些基础性的局限，志愿者在深入了解博物馆工作性质后，可以在活动策划、展览策划、讲解乃至博物馆管理等岗位上充分发挥主观能动性，让博物馆志愿者成为真正的博物馆内的一份子。目前，博物馆志愿者主要还是来自高校，另外很大一部分是退休职工。志愿者的多样化与普及化就是要各行各业的人都能够参与博物馆工作，通过自身的努力让志愿者服务丰富多样起来，这样不但能带动博物馆文化的传承，还可以带动整个博物馆事业的发展。

3. 通过多元化实现博物馆志愿者事业的全面发展

如果说博物馆志愿者事业的基础是普及化，那么多元化则是博物馆志愿者事业发展细化和深化的要素。博物馆要建立起一个多元的、科学的岗位体系，就需要博物馆从自身的实际情况出发，争取使每一个岗位都达到细致化的要求，并逐步完善其岗位职能，从而使得博物馆志愿者人才队伍多元化。为促进志愿者人才队伍的多元化，要在充分了解每一名志愿者的特长、专业、特点后对其进行客观、合理的评定，然后安排到合适的岗位上，实现每一名志愿者功能的最大化。在保证队伍多元化的同时，博物馆应不断吸引社会人士参与志愿者服务，实现志愿者组织上的多元化。同时，评定标准也应当是多元化的，通过综合、全方位的评定，从而体现多元化的特点。

4. 实现博物馆志愿者事业的数字化发展

随着信息技术的快速发展，数字化已经渗透到各行各业。因此，博物馆志愿者的发展也应该顺应数字化的潮流，充分利用微博、微信等网络平台，实现博物馆志愿者事业的数字化发展。首先，要利用数字化技术构筑博物馆与社会公众互动交流的平台，及时传递信息、共享资源，让更多的人了解并积极参与博物馆志愿者工作，实现博物馆志愿者的宣传和招募的数字化。其次，可利用数字化方便、快捷以及无地域限制等优势，建立起一个全国范围的具有唯一性和权威性的博物馆志愿者数字化管理平台，为每一名博物馆志愿者建立数字化档案。这样不仅仅实现了全国博物馆志愿者的统一管理，并且能够在一定程度上解决志愿者流动而导致的流失问题，同时也体现了对志愿者的尊重，满足志愿者为博物馆提供服务后希望得到社会肯定和证明的愿望。

5. 实现博物馆志愿者事业的国际化发展

博物馆志愿者事业的国际化可以分为两个方面：一是博物馆志愿者本身可以进行国际化的交流，二是志愿者可以提供一些国际化的服务。如今，每年都会有国际游客来博物馆参观，但国际游客缺乏对国历史文化知识的了解，很大程度上直接影响了参观效果，为了给他们提供更好的服务，就需要不断提高志愿者国际化的服务水平。并且博物馆工作人员资源有限，没有办法为每一名国际游客提供语言讲解，这就需要博物馆为志愿者建立起国际化服务体系，成立一支会多种语言的志愿者讲解团队，满足国际游客的需求。

国外的博物馆志愿者有非常多值得学习与借鉴之处，所以建立起一个和谐稳定的国际交流平台对博物馆来说十分重要。不断的相互交流可以逐渐提高我国博物馆志愿者的服务水平，还可以引进外展、送展出国门、宣传博物馆的志愿者工作等，使得博物馆更多方面的工作可以实现国际化。在不断吸收国外经验以及提升自我的基础上，也能够更好地为博物馆事业发展作出贡献。

参考文献:

〔1〕　刘洋：《澳大利亚博物馆资金结构的初步分析》，吉林大学硕士学位论文，2009 年。

〔2〕　刘羽香：《论博物馆在公共文化服务中的地位及作用——以长春地区博物馆为例》，吉林大学硕士学位论文，2011 年。

〔3〕　贺俊彦：《现代博物馆的公共性研究分析》，《佳木斯教育学院学报》2009 年第 3 期。

〔4〕　陈曾路：《博物馆里的"微革命"——"博物馆志愿者"的现状和未来》，《中国博物馆》2012 年第 3 期。

专题类博物馆志愿服务发展与标准化结合的探索实践
——以北京汽车博物馆为例

戴钰　北京汽车博物馆

摘要：北京汽车博物馆自 2011 年开馆之初成立志愿服务团队，由公众教育部门招募和管理，主要提供展区助览和初级讲解服务。2015 年，北京汽车博物馆在创建国家级服务业标准化试点过程中，对各部门职能进行调整，其中秩序维护、讲解服务与互动展项导览等服务内容有了新的变化，与之相应的志愿服务也细分出不同岗位和管理部门。北京汽车博物馆明确志愿者作为公共文化设施中专题博物馆的人力资源补充的功能，将其定义为员工队伍的组成部分，不断对志愿者团队进行磨合、整合，摸索和解决团队发展中的问题，充分发挥志愿者的专业优势，在"服务标准化"的前提下为观众提供体贴的参观服务。本文尝试在北京汽车博物馆工作范围内，分析专题博物馆文化志愿者特点和管理优劣势，为未来志愿者队伍发展方向提供思路。

博物馆从文化的殿堂到城市的文化客厅，从博物馆热到博物馆游，从小众文化到公众文化，越来越深入人心，通过互联网的传播，博物馆也会成为"网红"，"为一座博物馆赴一座城"日益普遍，观众眼界更高，更加注重深层次的体验和博物馆的教育意义。博物馆已成为一座城市文明的标志和形象代表。与数年前理念、体制等方面的不足相比，一方面，现在我国博物馆的文化资源、教育资源、人才资源和运营模式有了较大的改变，经济、文化发展持续有力。但是另一方面，博物馆在参观服务、活动安排、展览策划、环境营造等方面，仍会有不能满足观众需求的时候。《人民日报》曾评论：大而辉煌，也要小而体贴。

2016年，中宣部、中央文明办、民政部等8部门发出《关于支持和发展志愿服务组织的意见》，此后印发《关于公共文化设施开展学雷锋志愿服务的实施意见》，就深入推进公共图书馆、博物馆、文化馆、美术馆、科技馆和革命纪念馆学雷锋志愿服务，提出了具体指导思想，从而进一步明确和推进文化志愿者的队伍建设向专业化和体系化发展。作为公共文化设施，博物馆引入志愿者，为志愿者更多地获取藏品知识、发挥工作热情以及感受博物馆的文化创造了良好机会，同时弥补了自身专业人力的不足，在细小处填补服务空白，为观众带来更多良好的参观感受，让观众在使用博物馆教育资源的同时也得到尊重和体贴。

基于这些因素，本文浅谈北京汽车博物馆志愿者特点和团队发展方向，为志愿服务团队的规范管理和业务发展提供思路。

一、北京汽车博物馆及其志愿服务概况

1. 北京汽车博物馆

北京汽车博物馆是在国家实施科教兴国、人才强国和可持续发展战略规划下，我国第一个由政府主导建设的汽车类专题博物馆，2011年建成开放，集博物馆、展览馆、科技馆功能三位一体。建筑设计采用国际招标，由德国海恩事务所完成，建筑风貌体现超现代风格，造型似一只明亮的眼睛，寓意放眼世界、面向未来，总建筑面积约5万平方米。

馆内按照"科学 - 技术 - 社会"的主题，设立三馆一区，五层为创造馆，四层为进步馆，三层为未来馆，二层为中国汽车工业经典藏品展区，打破国家

与品牌的界限，展现世界汽车百年发展的历史，以及中国汽车工业的起步、发展与壮大，揭示汽车工业对人类文明和社会产生的巨大影响。展览展示打破传统陈列方式，通过50多项互动体验，让观众置身于可看、可听、可触摸、可互动、可体验的博物馆，向观众生动演绎科技与文化、科技与艺术、科技与生活的无穷魅力，并引导观众通过亲身体验认识汽车文化、学习汽车知识，实现"科技馆中的博物馆，博物馆中的科技馆"，将历史价值、科技价值、文化价值转换为社会价值。

2. 志愿服务概况

北京汽车博物馆绿丝带志愿服务团成立于2011年9月，由公众教育部管理。志愿者由北京各高等院校和中学校的大中学生组成，为来馆参观的观众提供助览讲解、秩序维护等服务。2015年，北京汽车博物馆从优化职能、丰富服务内容等方面考虑，将志愿者作为人力资源的重要补充，由人事部门统筹信息管理，由业务部门培训和使用，将志愿团队管理人员由原来的专职1人增加至专兼职4人，设立"志愿者之家"。2016年，北京汽车博物馆志愿服务站被评为首都学雷锋志愿服务示范站，2018年，北京汽车博物馆志愿讲解服务岗被评为首都学雷锋志愿服务示范岗。

3. 志愿服务团队构成

目前北京汽车博物馆志愿服务团队已发展到包含19所大学学生、9所高中学生、2个社会志愿服务团体、一批40人左右的专业讲解志愿者以及专家志愿者，注册志愿者近7000人。博物馆开展志愿服务培训百余场次，培训7000余人，培养志愿服务培训师2人。

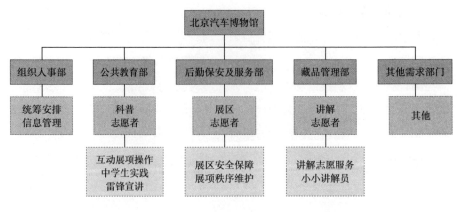

图1　北京汽车博物馆志愿者管理组织结构

二、北京汽车博物馆志愿服务管理

1. 常规服务项目

（1）"雷锋"主题活动

为弘扬和培育新时代雷锋精神，北京汽车博物馆依托"中华动力"展项，每年3月至8月期间面向中小学生和现场观众举办"雷锋——一个汽车兵的故事"主题活动，包括雷锋志愿岗宣讲、情景剧《雷锋》、爱国主义课程进校园、"雷锋事迹"主题展、讲雷锋故事大赛。该活动在2014年首届中国博物馆教育项目示范案例评选活动中被评为优秀教育案例，并收录于《首届中国博物馆教育项目示范案例》书籍，在2016年第三届中国青年志愿服务项目大赛中获得全国金奖。

（2）青少年社会实践

北京汽车博物馆根据中学生集中在寒暑假服务的特点，为中学生提供周期短、易掌握的服务岗位，以使学生志愿者在短时间内完成培训就可以上岗服务。该项目被评为2017年首都学雷锋志愿服务金牌项目。

（3）职工志愿服务

2016年3月，北京汽车博物馆在展区设立"党员示范岗""青年先锋岗"，由非专职讲解岗位的普通职工自发学习汽车知识，在周末和节假日志愿进展区讲解，推进"人人争当讲解员"活动。"带你看汽车"职工讲解服务被评为2017年首都职工特色志愿服务项目。

（4）秩序维护

该服务以大学生团体服务为主，经培训后在周末和节假日进行展区秩序维护，主要为观众提供互动展项操作服务以及安全秩序维护，协助观众文明参观。

（5）讲解服务

2016年增加藏品讲解服务，丰富了场馆志愿服务内容。该服务以社会志愿者和汽车爱好者为主，在展区开展讲解服务，同时可开发科普课程。

（6）专家志愿者

2014年9月26日，中国汽车工业协会向北京汽车博物馆授予了"中国汽车文化推广基地"称号，围绕基地建设，双方将共同推动汽车行业"专家志愿者"团队建设、研究汽车文化课题，并定期开展汽车文化传播活动和汽车社会教育工作。

（7）其他志愿服务活动

包括中央民族大学志愿者穿戴民族服装在中秋节开展的"奉献爱，民族情"志愿服务，以及"中小学生志愿服务一日体验行"活动，此类活动重在参与、提升，让学生体验如何做一名博物馆志愿者。

2. 志愿服务团队管理现状

志愿者是公众参与博物馆的一种重要方式，他们来自社会，而且是社会中关心博物馆的一群人，有助于博物馆与社会建立沟通渠道。

（1）志愿者的作用与特点

志愿者的引入是博物馆人力资源的补充，强化了博物馆的免费教育服务功能，推动博物馆融入社会、更好地服务大众。他们在某种程度上缓解了观众人数不断增加与展区员工相对不足的矛盾，保障了馆内秩序和文明参观，为博物馆降低运营成本、提高服务水平发挥了作用。

目前北京汽车博物馆学生志愿者的特点是具有积极的态度和一定的学习能力，能够认真负责地完成服务，同时具有短期和临时性特点，难以可持续发展、培养长期稳定的志愿者，因此对其岗位的设置应具有针对性。社会志愿者相对更具稳定性，投入志愿服务的热情普遍比大学生高，经验也更丰富，有利于团队长期发展，其服务内容可根据需要进行拓展。但是专题博物馆的讲解内容较专一、学术和枯燥，会令大多数社会志愿者有畏难情绪。

（2）管理的短板

北京汽车博物馆在全国博物馆、科技馆中尚属年轻，志愿服务管理一直在探索中。早期志愿者由部门管理，服务内容单一，缺少功能定位、整体规划和系统培训，使得北京汽车博物馆的志愿者难以为博物馆提供全面的、专业的服务。

首先，博物馆志愿者的服务岗位有限。2015 年以前，北京汽车博物馆志愿者主要是大学生群体，由他们作为助览岗位的补充。由于学生志愿者的条件、目的和所处的环境不同，学生志愿者队伍中稳定、熟练的志愿者容易流失，不易对学生志愿者进行考核和培养。

其次，虽然博物馆根据管理部门职责和志愿者服务内容修订了《北京汽车博物馆志愿者管理规范》，但还缺少实施细则，包括接受志愿者申请、进行统一注册、评估标准以及激励机制等方面的规范。

最后，志愿者是博物馆人力资源的一部分，博物馆应该扩大志愿者招募范围，让其从事藏品研究利用、展览设计、课程开发和科普活动等，丰富其服务内容。

（3）专题博物馆的专业限制

作为集博物馆、科技馆、展览馆三馆一体的专题博物馆，北京汽车博物馆展示的是与汽车相关的展品。由于场馆利用了大量声、光、电等机电一体的现代化展示技术，展览对光线条件有严格的要求，在场景内设置灯光较暗，这样的暗环境对年龄较大的志愿者来说，比较难以适应，因而对此类志愿者的吸引力相对较弱。而且，汽车知识不如历史、自然、艺术等知识容易掌握和理解，对缺乏兴趣和专业基础的志愿者有一定的影响。

三、北京汽车博物馆创建国家级服务业标准化

1. 创建标准化试点与示范

2012 年至 2014 年，北京汽车博物馆举全馆之力投入北京市旅游标准化和国家级服务业标准化试点创建工作中，提出"依标准治馆"的管理理念，推动科技、旅游、文化、教育融合发展，在管理方面有了极大提升，特别是为观众提供的参观服务，有了实质的改变，做到了透过（服务）表面看（管理）本质。标准化建设如同一只无形的手，推动了规范发展，保障了服务质量，员工精神面貌日新月异。标准化已经成为博物馆开展各项业务的基础，学标准、用标准解决了很多管理运行中的难题。

2016 年至 2017 年，全馆从"试点"到"示范"，通过国家级"科教文化旅游服务标准化项目"评审，成为全国博物馆、科技馆中的首个国家级服务业标准化示范单位。随后博物馆受北京市文物局委托牵头制定地方标准《博物馆服务规范》，于 2018 年 5 月正式发布实施。科学的工作机制、规范的运营管理，打造出一座"有温度的博物馆"，为博物馆员工带来了服务指南，也为观众带来了更好的参观体验。

2. 服务标准化的意义

服务是一种特殊的无形活动，它通常与有形的产品联系在一起。在博物馆里，从观众打进第一个电话开始，就产生了服务。服务几乎无处不在。在将服

务与标准结合时，博物馆强调站在观众的角度去思考服务事项，根据观众进馆参观流线逐一梳理，明确观众参观的关键点——咨询、售票、停车、讲解、购物、餐饮等，这当中不仅包括人对人直接提供的服务，还包括机器设备对人直接提供的服务。同时坚持"标准"不能只是写在纸上，更不能是冰冷的，服务不仅是"微笑的"，更加是"发自内心的"，服务不应该是"机械的"，而应该是"温暖的、主动的"。标准化推动博物馆的服务更有温度！

3. 搭建服务体系

北京汽车博物馆历经 2 年，在 8 个部门、3 个外包服务团队、3 个合作经营单位约 540 余名员工的参与下，根据观众参观流线，梳理了服务事项，搭建完成整体标准框架，构建了包括参观服务、科教文化服务、餐饮服务、购物服务、会议服务五大体系的 13 项服务规范、15 项运行管理规范和服务评价与改进标准。依据或参考的法律、法规和政策 185 部，共编制了 156 项标准，263 个岗位工作手册。

这套标准化管理体系体现了"处处有流程、事事有标准、物物有人管、岗岗有考核、日日有坚持"的工作机制，力争做到从"有问题找领导"变为"有问题找标准"，标准覆盖率达到 100%。

四、服务业标准化示范单位的志愿者规范管理

1. 组织的管理特点

（1）项目化管理

2015 年是北京汽车博物馆在创建全国服务业标准化示范单位后，志愿服务管理工作的一个重要分水岭。志愿者管理模式由早期公众教育部门管理调整为"人事部门统筹＋多部门协同管理"。根据新的管理模式，北京汽车博物馆 2016 年 2 月编制完成《北京汽车博物馆志愿者管理规范》，志愿者管理由原来的部门管理上升到了馆级管理的更高层面，为进一步做好志愿服务团队管理夯实了基础。志愿者是人力资源的一部分，由组织人事部门统筹全馆志愿服务信息，由公众教育部负责管理科普志愿者，安排其辅助活动和展项操作，由安保部负责管理展区志愿者，安排其保障展区秩序，由藏品部负责管理讲解志愿者，安排其提供讲解服务，形成了志愿服务管理的清晰局面。所涉及部门抽

调 1 人组成项目组，统筹志愿者招募、培训和岗位安排，小组术业专攻、有序配合，成为北京汽车博物馆志愿服务管理的特点。

（2）多元化管理

2015 年至 2017 年，北京汽车博物馆针对不同年龄段的志愿者和参观服务的需求，逐渐丰富服务内容，将其细分为互动展项引导、科普活动辅助、展区秩序维护、藏品讲解服务、雷锋故事宣讲、青少年社会实践以及职工志愿服务等。

（3）岗位化管理

北京汽车博物馆根据志愿服务内容，细分出几类岗位：学生志愿者中的展区秩序岗、科普辅助岗、雷锋宣讲岗、小小讲解员，社会志愿者中的讲解志愿者、专家志愿者，以及职工志愿者中的党员示范岗、青年先锋岗。结合服务标准化，各岗有岗前培训、岗中服务、岗后总结，各岗位独立存在，也会根据参观需求或是活动安排，进行联动服务。

（4）规范化管理

作为全国博物馆、科技馆中的首个创建国家级服务业标准化示范单位，北京汽车博物馆也在标准体系下开展志愿服务工作。团队管理人员分工明确，各部门按服务岗位培训和安排志愿者上岗。每月各部门提交月报和统计数据，由人事部门进行汇总分析。在服务过程中挖掘优秀志愿者，培养骨干志愿者，定期推出志愿服务标兵，在馆内外进行广泛宣传。博物馆设有"志愿者之家"固定场所，为志愿者提供服务证明、服装、餐饮，不定期组织志愿者参加馆内外的培训、活动、展览以及大赛，年终组织评优活动。

2. 志愿服务 + 标准化

（1）基础概念

标准化建设可以理解为打造一个巨大的柜子，标准体系就是一个一个抽屉。通过整合、优化、简化的原则，把博物馆的管理事项和操作流程编制成一项一项的规范分门别类装进每个抽屉里。最后的理想状态是所有事项都有标准，没有重复和疏漏。避免因人设岗、管理混乱，无论人员、岗位、部门如何调整，都不会影响工作的开展。

北京汽车博物馆的志愿者主要是为观众提供参观服务，包括助览服务、秩序维护以及讲解服务。因为标准化理念是简化、优化，同样的服务事项不会有重复的标准，所以志愿者服务没有单独的标准，而是根据岗位和事项使用同一个服务标准。

（2）岗位和服务标准

根据志愿者岗位，志愿者主要可分为展区秩序志愿者、科普活动志愿者以及讲解志愿者等类别。

展区秩序志愿者执行《助览及互动体验服务规范》，雷锋岗宣讲志愿者和讲解志愿者执行《讲解服务规范》，科普活动志愿者执行《科教文化服务规范》。

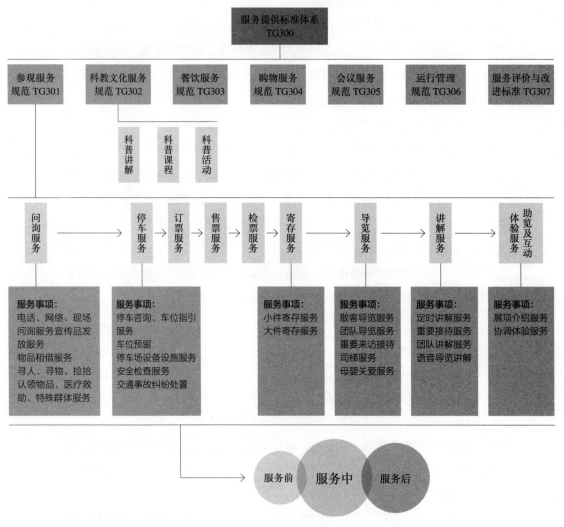

图 2　北京汽车博物馆服务提供标准体系

（3）培训及上岗服务

针对不同的服务岗位、参加者人数和来源，博物馆对志愿者的培训可分为专场培训和单人培训，对不能参加专场培训的志愿者团队，可提供岗前培训。根据服务内容不同，对志愿者进行通用基础培训和专业技能培训，专业技能培训又包括由专业讲解员对发声、形体、手姿以及站姿进行的培训，讲解词培训，以及展区安全与应急知识培训。

（4）上岗服务要求

志愿者应在培训后接受考核，考核合格后可以预约上岗服务，遵守馆方履约要求和请假规定，服务当天应统一穿着志愿者马甲、佩戴服务牌。如连续3次不能履行志愿者职责并且未向馆方作出任何解释，将视同自愿放弃志愿者身份。讲解志愿者除讲解服务外，参加北京汽车博物馆组织的培训讲座和参观学习等活动均记入考勤。如因故不能前来参加志愿者培训，须向藏品部志愿服务管理工作人员请假，如请假超过3个月，将视同自愿放弃志愿者身份。

（5）上岗服务规范

根据《北京汽车博物馆志愿者管理规范》《志愿服务手册》《助览及互动体验服务规范》《讲解服务规范》等文件规定，志愿者的服务分为服务前、服务中、服务后三个阶段，每个阶段有不同的服务内容和要求。

服务前：各岗位志愿者按排班时间提前15分钟到达博物馆进行签到，换上志愿者马甲，领取饮用水。博物馆为志愿者分配服务区域并进行岗前培训。

服务中：志愿者按排班时间和岗位进行履约服务。服务标准参照《助览及互动体验服务规范》《讲解服务规范》等。

服务后：志愿者向工作人员归还马甲，总结并记录服务时长，离馆。

五、志愿服务团队发展方向

北京汽车博物馆集博物馆、科技馆、展览馆功能三位一体，既有文物藏品的鉴赏，又有现代工业产品的展示，以及科技互动和沉浸式体验，因此从服务标准化来看，对专业的人力资源要求更高。志愿者如果仍停留在基础服务的水平上，远远不能满足博物馆的发展需要。打造一支专业的、多元的、有内涵的科普文化志愿者队伍是博物馆未来发展的需要。

1. 需要加强规范管理

（1）人文关怀

博物馆基于现代人力资源管理的基本理念，把志愿者视为最重要的资源之一，强调志愿者文化培育和机制完善，强调志愿者个人的发展与博物馆的发展相互作用，为志愿者提供学习、交流、研究的平台，注重对志愿者的激励，创建温馨和谐的工作氛围，让更多的志愿者愿意走进博物馆为公众服务。

（2）定位准确，职能明确

博物馆应提供能发挥志愿者最大能力的工作岗位，改变志愿者仅为讲解员、导览员的局面，让志愿者更多地参与科普活动、策展办展、藏品征集、藏品修复等各项工作，根据志愿者的意愿、专长和个性，提供合适的岗位，发挥志愿者的潜能。

（3）定期招募

目前来馆服务的志愿者主要为大中学生团体，对学生志愿者的招募方式简单快捷，适于基础服务岗位和临时性的活动。未来的志愿者招募还将面向院校的汽车专业学生和社会志愿者，特别是汽车从业人员或是汽车爱好者。

（4）评估机制与激励机制

博物馆应对志愿者的工作行为和工作效果进行评估，给予相应的激励。除了提供博物馆资源平台让志愿者自我展示、参加比赛等，还可以在年终推选优秀志愿者，通过颁发奖状、证书、赠送纪念品、口头嘉勉、在官网和官微上公开表扬等形式，激发志愿者的工作热情。

（5）自我管理

志愿者队伍成熟以后，可以挖掘志愿骨干人员协助做很多细致的协调工作，用志愿者管理志愿者，发挥志愿者综合能力，提供更多的服务空间，同时拉近志愿者之间的距离，有益于稳定志愿者队伍，减少博物馆在日常联络与细节管理方面投入的精力。

2. 需要增强系统培训

在现有基础上，不仅应注重对志愿者的专业培训，还要提升培训老师的数量与质量。培训内容包括志愿者基础常识、基本礼仪、博物馆馆情、展项背景等，还要针对不同服务职能开展针对性的培训，比如由安保部门作安全知识及应急处理方面的培训，由藏品部门作讲解技巧和讲解内容方面的培训，由公众教育部作科普知识和科普活动方面的培训。培训时间根据博物馆需求分为定期培训和岗前培训。定期培训如每年9月份在馆内开展院校新生培训，同时可组织社会志愿者一同参与，减轻师资负担，提高培训效率。岗前培训针对的是临时前来服务的大学生志愿者，其服务具有短期性和流动性的特点，博物馆将岗前培训内容进行提炼，在有限的培训时间内讲重点、讲要素，并提供培训小手册。培训形式包括讲课、讲座、参观、座谈、交流和示范等，从而提高志愿者的自身素质和业务素质，使其达到专业化水平。培训讲究"要你培训"和"我要培训"相结合。

3. 需要向专业化发展

北京汽车博物馆作为"全国科普教育基地""中国汽车科普基地"及"北京市中小学生社会大课堂资源单位"，一直将推动汽车社会可持续发展作为自身的使命和责任，积极发挥专题博物馆科学普及、文化传播的教育功能。以此为平台，北京汽车博物馆围绕服务标准化和观众参观体验，需要重视志愿者队伍的建设，规划志愿服务功能，形成专题博物馆专业志愿者的发展模式。对每一项服务职能进行客观、合理的实践与优化，将适合的志愿者放在合适的岗位上，以实现每一位志愿者功能的最大化，充分发挥志愿者的特长，最终使博物馆志愿者在多元化的基础上实现专业化，打造一支科学配置、战斗力强的志愿者队伍。志愿者专业化服务是一种必然的趋势，这样更易拉近博物馆与观众的距离，为观众提供温暖的、贴心的服务，使博物馆既有亲切感又具备个性，打造一座有温度的博物馆。

六、专题博物馆志愿者可持续发展

博物馆作为城市的文化客厅，要让观众愿意来，喜欢来，还要能参与，志愿者及其服务功不可没；同样，博物馆要认识到志愿者的重要性，也要吸引志愿者愿意来，喜欢来，积极参与。因此志愿者不仅仅是来馆为观众提供参观服务，更多的是以博物馆这样的公共文化设施为平台和载体，充分结合文化志愿者的专业特长，发挥博物馆的资源优势，充分履行博物馆科学普及、文化传播的教育功能，建立一支专业的、多元化的、有文化内涵的志愿者队伍，推动社会持续进步与发展。

参考文献:

〔1〕　王来：《以人力资源为视角，加强博物馆志愿者资源的管理与建设》，《吕梁教育学院学报》2008 年第 2 期。